目录

自序 / 放下 1

第一辑
把孩子带向世界

58 个人的晨圈　3
早　安　7
把孩子带向世界　11
当孩子和世界长在一起　19
破　茧　25
属于自己的风景　31
更有力量的连接　38

第二辑
我爱吟诵

有魔力的符号 57
爱的是你本来的样子 60
一小步，一小步 62
我们和吟诵合一 66
与物俱化的大孤独 69
一朝飒已衰 72
走上古老韵律之桥 75
让孩子回到写诗的现场 79
不忍心 81
终究只是过客 85
音与义携手 88
我不怕 90
亲切地体会 91

燕子在头上飞翔 93
将军夜引弓 96
最浪漫的邀请 100
童年的踪迹 103
生命的姿态 106
不再有芬芳 109
盛世的歌唱 114
乡音里的记忆 117
孤城与孤客 120
出　塞 124
依依怅望 127

惊叹复惊叹 130

我的吟唱 134

昂起头来 136

幸福一日 139

手舞的风景 141

心头的记忆 143

旧时王谢堂前燕 146

为一片叶停留 150

向着儿童那方 155

公鸡一叫天亮喽 161

熏　染 164

第三辑
故事来了

老鼠 老鼠 169

故事来了 172

当里个当 176

流转起舞 179

重复的滋养

——第二次朗读《房子，再见》 182

只要心中有一个希望

——朗读《月下看猫头鹰》 185

游过心灵之河

——约翰·伯宁罕《和甘伯伯去游河》

《外公》朗读记录 188

中国人故事的开始

——朗读《吴姐姐讲历史故事》（一） 192

一起去春游
——《14只老鼠去春游》朗读后记　195

喷嚏打不停
——讲述《小熊的喷嚏》　198

当历史进入教室
——讲述《吴姐姐讲历史故事》（二）　201

不管世界如何加速
——《14只老鼠种南瓜》朗读后记　205

历史的链接　209

与安东相遇　211

这段树干在等谁　218

年的故事　222

夜晚的气味
——《14只老鼠的摇篮曲》讲述后记　230

温柔的世界　233

第四辑
和儿子一起读书

我是儿子的朗读者 239

朗读者培养出阅读者 245

一定要有家庭藏书 250

退一步,再退一步 252

他看了又看的书 255

安然入眠
——给儿子朗读《晚安,大猩猩》 259

发现真实的自我
——读《藏在名画里的猫》 263

当我变成了老鼠
——罗尔德·达尔《女巫》阅读后记 267

《夏洛的网》与《活了100万次的猫》 274

《写给孩子的哲学启蒙书》朗读记录 276

做自己的充电器 281

铲子熔化了 283

日有所诵的意义 285

与新月同行 289

跟随大自然的脚步 295

挽住童年的手臂 296

旋转木马 302

/ 自序 /

放下

这本书呈现的，是我的课堂教学，还有我与儿子一起读书的记录。

我在尝试着摆脱高控的课堂。在高度控制的课堂里，孩子们最好的状态，就是能够准确甚至是非常漂亮地回答老师提出的问题。这是时代在教育身上打下的印记。20世纪初，以电气革命和福特汽车公司大规模流水线的诞生为标志的第二次工业革命，让标准化考试出现。

摆脱高控的课堂，我尝试着退一步，再退一步，退到孩子们的后面，让他们有更多体验的机会，有更多发出自我声音的时间。我希望自己能深入浅出，因为我面对的是还不能消化生涩知识的儿童。我希望能以一种更自然的方式，与孩子们在课堂上相处。什么是适合这一群孩子的课堂？除了教师不断地学习、思考，更重要的是教师要感受、观察这个班级这一个孩子的特点，与之碰撞，并有碰撞之后的适应与调整。倾听孩子，欣赏孩子，在孩子处于"愤""悱"之时，适时适度地帮助孩子。摆脱了高控的课堂，孩子的创造力才能得以舒张，想象力才能奔放，个人能量才能充分释放。

我尝试着做语文教学的探索。学科之间的壁垒，在不断地跨越，只为了让儿童得到完整的滋养。

诵读与吟诵，让孩子在声音的高低、长短、疾徐相承继、相错综、相呼应而形成的节奏中，感受着母语的韵律。诵读与吟诵，让孩子的声音和灵魂逐渐温软，眼神和心灵逐渐沉静，让孩子在不断加速的世界，找到定住生命航船的坚固的锚。

整本书的阅读与朗读，让故事对孩子说话。孩子从故事里，从有智慧的人们那里，以故事的方式，以图像的方式，吸收到关于生命的真理。故事以艺术的方式，编织着孩子精神的家园。

古老的汉字，让孩子发现抽象的文字与万物的关联。孩子的世界是生机盎然的，他们应当见到汉字中活泼泼的生命，而不仅仅是抽象的笔画。

自然笔记开启的，是城市儿童走向大地的生活方式。现代忙碌、高压力的生活环境，侵犯了儿童安全美好的世界。对于忙碌、压力所产生的"毒素"，大自然是最好的解药。自然笔记，成为城市儿童与大地连接的一扇转门。

儿童与成人一样，对精神有着深层的、无上的需求。儿童需要带他们往高处飞的文字，儿童需要仰望星空。相信母语的力量，相信儿童的力量。把既能发展儿童言语，又能构筑儿童心灵的母语材料带给儿童，远比追求技巧重要。

自己好好读书，也好好地带孩子们读书。我想，这才是一个母语教师生命中真正重要的事情。

其实，走在这条为儿童的路上的每一个人，都可以找到自己的方式，带给儿童更为鲜活的课程。

放下外在的喧嚣，回到内在的自我，回到儿童，回到生活本身。一切，都是为了让儿童成就更好的自己，拥有更有力量的未来。

朱爱朝

2023 年 1 月

第一辑

把孩子带向世界

58个人的晨圈

4月1日,连上了七天课的孩子们本应去春游。前一晚,春游的用品早已准备齐备的孩子们,却收到学校发布的信息:因周日去春游的学校太多,旅行社车辆不够,春游临时取消。

4月1日早晨,在食堂里,老师们热烈地说着昨晚收到信息时的情景:"我正和几个妈妈从超市购物出来,结果……";办公室里,老师们意犹未尽:"我已经把女儿烧烤的鸡翅,用开水在锅里过了一遍";麻辣食品的香味在走廊里就闻到了,"这是昨天就准备好的卤鸭舌、卤猪脚……""这是昨天晚上我婆婆炒的菜……"

忙着上课的孩子们,没有时间像老师这样叽叽喳喳,他们把沮丧和失望装进了书包。他们用走神的双眼,无法控制的飞走的心情,游离在课堂上。

第二节是一(3)班的课,我可以为孩子们做些什么?

我想到了阿曼的晨圈——《织布鸟三兄弟》。也许,可以抚慰一下孩子们的心。

我简单地梳理了一下思路,和班主任陈老师商量,将58个人的班级按教室里大组的顺序分为五个圈。

教室里,我先给孩子们讲述《织布鸟三兄弟》的故事,边讲述边把孩子们将要在晨圈中做的动作做一遍,以减少在操场上组织的难度。"爸爸说,要找到一棵大大的树,在高高的树上,织一个又大又结实的窝。""飞到远处找树枝,飞到近处找树枝,飞到高处找树枝,飞到低处找树枝。""左织织,右织织,上织织,下织织,前织织,后织织。"

五个大组的孩子进入了操场。操场上有好几个班正在上体育课。兴奋无比的孩子们吵闹着,嬉笑着。当我扯开嗓子说话时,我发现我的声音飘散在空中,飘散在周围并不安静的环境里,要想让58个孩子听到我的声音,似乎成了不可能完成的任务。

我们的晨圈从对"暗号"开始:我说"织布鸟三兄弟",孩子们应和着说两遍"织布鸟三兄弟"。毫无艺术感可言的开端,对于大班额的孩子在室外做晨圈,是不得已而行之的让他们注意力集中的方式。没有这样的"暗号",兴奋的孩子们会一直自顾自地疯闹下去。

我开始讲述故事。其实,我讲与不讲意义都不太大,我的声音还来不及传入孩子们的耳朵里,可能就消失在操场的某一个地方了。我只能用我的动作来带动他们。所以,之前在教室里的练习是多么必要!

我所处的是中间的一个圈,有些背向我们这个圈的孩子,没有办法看到我的动作。我只好从圈内出来,站到了五个圈的最前面,而所有圈内的孩子,自然也全部朝向我,跟着我一起做动作。如此,"圈"其实已不太可能存在,晨圈已"异化"为做操,我是领操员。

"左织织,右织织,上织织,下织织,前织织,后织织",我们反复了三遍。这样的重复,既是让孩子们熟悉,也是借此让他们感受织布鸟三弟织巢时的认真努力。左右、上下、远近、前后的方位词的知识,在四肢的运动中,在主动的忙碌的织巢动作中,在轻松、愉悦的情感中,成为孩子身体的一部分。"智力只有通过情感和意志,才能在对孩子无损的情况下达到。"

"巢终于织好了,织布鸟弟弟要躺在这又大又结实的窝里舒舒服服地睡上一觉。"孩子们"倒"在地上，有的蜷成一团，有的把头靠在了另一个人身上，有的呈"大"字放松地朝向天空，当然还有那兴奋地"咯咯"笑的，大睁着眼睛不知疲倦的。

当织布鸟弟弟决定帮大哥、二哥筑巢之后，我们又开始"飞到远处找树枝，飞到近处找树枝，飞到高处找树枝，飞到低处找树枝"，"左织织，右织织，上织织，下织织，前织织，后织织"。孩子们一遍比一遍做得起劲，在重复中，他们获得了"接下来会做什么"的确定感和安全感，孩子们失落的情绪找到了一个出口。在肢体动作里，孩子们没有办法言说的情绪得到疏导，失望的心得到抚慰。晨圈在58个人的班里虽然"变味"，但它对孩子们的安慰是看得见的。阳光又回到了孩子们的脸上。

从学到做，我发现晨圈的设计真的很难。晨圈的设计历时长，且要综合多个人的力量。阿曼带我们做《织布鸟三兄弟》时，她因为嗓音嘶哑而省略掉的歌唱部分，应该是最吸引孩子的部分，而配合整个晨圈的音乐，也省略掉了。"重复"与"音乐"，是晨圈的两大要素。缺失其一，晨圈对孩子的吸引力，对孩子所发挥的作用必然减弱。缺失了音乐的晨圈，难以用艺术的面貌出现在孩子们面前，感染力便削弱了许多。缺失了音乐，58个人的晨圈也更难以组织。

丝绸覆盖在睡着的织布鸟身上，是舒服感觉的"外显"，是惬意享受劳动成果的"形象化"，这一具有隐喻作用的道具，因为我准备得仓促没有实现。

除了仅是笨拙的模仿外，我做晨圈的致命弱点是，除了知道孩子们处于春游时间临时变更的共同背景之下，除了短暂的不到两个月的课堂时间的相处，我对每个孩子的了解是极其模糊的。对孩子有限的了解，阻碍了我与孩子们的交流。

第一次做晨圈是一个原因，晨圈时人数太多是一个原因，在室外加大了组织难度又是一个原因,这让晨圈显得乱糟糟的。但是,这是兴高采烈的乱糟糟。

把全身放松,靠在椅子上,看着电脑里回放的晨圈录像,我明白了佐藤学为何建议教师把自己的日常教学进行录像。他还说,教师要喝醉了酒,才有回看的勇气。酒是不必喝了,因为身体已软到不能动弹。回看自己的教学,观察自己的教学行为,观察孩子们的反应,是"省吾身"的最好方式。唯一值得欣慰的是,孩子们灿烂的笑脸。当此一刻,孩子们肯定忘却了春游所带来的沮丧和失落,也多少抚平了多上两天课所带来的痛苦。

只有实践,晨圈才会从云端落入凡尘,进入孩子们的生活中;只有实践,才有可能真正做出适合这一群孩子的晨圈。

这个晨圈,是在4月1日做的。经过一个星期的"跋涉",我已拿不动笔对它进行记录。但在享尽了像崭新的金属扣一样明亮的蓝天和阳光之后,在享尽了油菜花遍野开放的金黄、树树桃花争相绽放的粉红之后,在一小阵降雨后的清凉里,在鸟鸣晨更静的清早,我把第一次的晨圈,记录了下来。而雨,在隆隆的由远而近的春雷声中,又"沙沙"地下了起来。

早　安

一

"早安，早安，早安。你好，你好，你好。亲爱的朋友你好，祝你今天愉快。"老师唱一遍后，二年级的孩子跟着老师唱三遍。

58个孩子的班级，第一行的孩子已接近讲台，教室里没有空间可以围成哪怕是一个最小的圆圈。老师和五个孩子排成一行，沿着右边的方向边走边唱；问"你好"的时候，向左右两边的同学点头微笑；唱到"亲爱的朋友你好"时，转身，两两相对问好；唱到"祝你今天愉快"时，交换位置。

排队到操场，全班同学，加上黄老师、胡老师、实习老师小吴和我，牵手，围成了一个好大的圆圈。

唱起"早安"，踏着节奏向右走，两两相对问好，交换位置。如此循环往复。也有孩子落单的，没有找到朋友牵手。但瞬间之后，便自己绕一个圈，满脸的自得其乐。一边唱一边走，不知不觉已经和20多个孩子牵手问好。

热汗直流，将喜悦写在脸上的老师和孩子们，手牵着手，踩着落得满地的小黄花，上楼梯，进教室。

"我和黄老师、胡老师牵了手，好开心。"

"我牵到了好朋友的手。平时我们总在一起玩，但没有像今天这样牵着手问过好。"小男孩细细的声音里有激动的热流。

"我发现她的手软绵绵的。"天真坦率的小男孩,小手指向坐在他前面的女孩——羞涩地笑着的女孩。

"我牵到了朱老师的手,老师的手热乎乎的,软得像棉花。"

"我和女同学牵手的时候,有些不好意思。"

善意的哄笑,小声的议论,教室里的人有说不出的亲近。因为圆圈游戏,老师不再是站在讲台前面和孩子分离开来的那个人,同学不再是只能看见后脑勺的那个人。圆圈游戏让老师和孩子之间,孩子和孩子之间,有了面对面的机会。

玩圆圈游戏时,孩子们与同伴相会,流露出社会的、共同的、互动的天性。他们充分感受到了圆圈游戏的乐趣,身心都在游戏中舒展,情感的交流得到满足。

二

在我的预想中,六年级的圆圈游戏,原本应该比二年级更为容易。对于六年级的孩子来说,难度稍大一点的是男女同学之间的牵手。

在教室里示范的时候,和我牵手的小男孩不敢看我的眼睛。再邀一个女同学上来,两个孩子怎么也不肯牵手,台下一片哄笑。

进入操场后,六年级的孩子兴奋莫名。有的孩子在刻意拉扯同学的手,试图拉到最大,让某些孩子感到要被两边的力量"拉裂"。在缩小圆圈的示意之后,圆圈瘪得像一个突然跑了气的气球,好些孩子挤挨在一起,形状全无。好不容易拉成一个圆圈,开始唱"早安",只有一部分孩子在唱。好些男孩和女孩不愿意牵手。大部分孩子以自己尽兴为宗旨,乐于自编自演,动作千奇百怪。唱了不到五遍,其中还停下来两次听我重申要求。不守规则的游戏注定无法玩下去。牵着孩子们的手,回教室。狭长的绿色细叶飘洒下来，不觉诗意，只觉沮丧。不用回头，我都知道，男孩和女孩的手是不会牵在一起的。

失败的课堂，老师当先自省。对于儿童的积极研究，是任何时刻教师都要有意识努力去做的。

六年级的孩子们大多12岁了，渐进入或已进入青春期，男女生之间羞于牵手，是我事先已经预料到并在教室里做游戏时刻意强调的，但孩子们在操场上做圆圈游戏时仍然无法放开。有断裂的圈，自然无法成"圆"。

在这个平时不一样的课堂里，六年级的孩子呈现出了怎样的状况？其背后的原因何在？

一部分孩子在圆圈游戏中近乎疯狂的兴奋，是青春期的躁动使然？不尽然。没有了座位的约束，没有了讲台上与自己对视或曰"监视"的教师，突然的松绑让他们有了极度的兴奋，从"不逾矩"的遵规守纪，猛地滑到了完全不遵从游戏规则的任意妄为。

握手，面对面，互道"亲爱的朋友你好"时，很多孩子不会注视对方的眼睛，不懂得真诚地对视，不会送上温暖的微笑。相处六年，朝夕相对，应是最为亲密和熟悉的，是什么在阻断情感的传递？

班额大，让教师无法和每个孩子有深入的交流，而同学之间看到的大多是别人的后脑勺。看同桌的机会也不多，大多是看黑板和老师；多媒体进教室后，外加看机器。有限的课间10分钟，交流的面毕竟太窄；放学回家以后，孩子们的交流更少了。时间一日日积累，而情感并未一日日加深。交流在有限的小圈子里进行。于是，"硬壳"逐渐形成，交流的阻断由外在的原因转变为内在的自觉。忙碌让现代人变得情感淡漠，忙碌也让现代的儿童，情感无法温软。

很多孩子没有开口唱"早安"，安于"享用"同伴的声音，没有主动为团队出力的意识。包括在游戏中自创动作，不遵从游戏规则，只顾自己好玩，都是不顾及团队的表现。而这些表现，对于孩子社会性的形成，十分不利。

人的成长过程，可以说是逐渐社会化的过程。在智商被提到过分的高度，在竞争被置放于过于重要的位置时，人的社会性的特点往往会被忽略。情感的交流在大班额的教室里最多体现在专注地聆听或偶尔的四人小组讨论。而同学之间的竞争，在大班额的教室里有更多的体现和凸显。孩子们在孤独地长大。

圆圈游戏对于大部分时间都端坐于教室中学习的儿童，仿佛一个阳光的海湾，给孩子们带来了温暖、平静、安全，也给孩子们带来了对于群体的依赖、信任和安全感。

把孩子带向世界

一

从《动物》《植物》到《天文与地理》，一以贯之的是，对孩子们的情感、想象力及孩子懂得的诗意的满足。人与世界之间的关联，是如此深切而令人感动。生活在地球上，是如此美妙的一件事。

科瓦奇让我知道，一个教师可以在课堂上，让孩子与自然之间产生深刻的联结。

二

科瓦奇的这三本书，激起了屏息阅读的我马上就要行动的力量。校园之中，植物资源最为丰富，所以，先从植物开始吧。

我和"百草园"社团的掌门人陈竹老师行走在桃李园边，听她讲大叶黄杨、海棠、杜鹃、蕨类植物。以我对植物近乎苍白的认识，我迫切需要这样的补课。

我感觉着大叶黄杨老叶的锯齿边缘，贴近它厚厚的膜，看它狭长的叶脉。叶片的背面，脉络就清晰多了，每一条修长的脉，像一条河，分岔出许多更为细小的溪流。

南天竹的叶子像彩虹，绿叶上叠着红叶，修长的红叶尖端又含着绿意。杜鹃花还只有尖尖的叶,叶上有茸茸的毛。桃树的枝伸向天空,叶芽像紧握的小拳。

走过小池塘的时候,陈竹说有青蛙。"过一段时间,又有小蝌蚪了。"我眯着眼看了好久,细细密密的水纹下有小红鱼在游,但没有青蛙的影子。

三

二(3)班上课的那天,下雨了,我有些犹豫,要不要带孩子们下来。

刚上课两天的孩子,大多是没有睡醒的样子,像极了我们要学吟的《春晓》。

如黄永武先生所言,《春晓》是在"觉"与"不觉"之间交替的一首诗。"春眠不觉晓",悠长的唇音"眠",绵绵的、懒懒的,似醒还睡,让人睁不开眼睛。"处处闻啼鸟",惊醒着"眠"的,是清远的去声"处处",细腻婉转的"啼"鸣。其实,鸟儿除了在冬季稍微安静一点儿之外,其他的季节,早起的鸟儿都是叽喳到犹如吵闹。第一句中的两个入声字"不觉",传达的是不是突然被闹醒的生活经验?"夜来风雨声",是梦的背景音乐,拂去疲累,洗涮白日的尘埃。"花落知多少",花与叶随着风,和着雨,轻落在地上的声音,最安静的心灵,恐怕也听不到吧?入声的"落",是无限美好中的一声叹息。这首诗押的是上声韵。上声的"舒徐和软"加浓了春眠的情调,让春的气息从声音中飘散出来。

姜嘉锵先生的《春晓》,最安慰人灵魂的,是诗句中穿插的曲折的反复回旋的"啊"。还沉在假期的梦里,心神难于集中的孩子们,在拖长的声音里,越发打不起精神了。看着他们迷迷糊糊的样子，三遍之后，我不再坚持，也没有和他们较劲儿，准备带他们下楼去。

孩子们郑重地举起手，承诺在室外老师讲话的时候，保持安静。当然还有好几个没有回过神来，不知大家怎么会一起举手。

没有先在教室外整队再下楼的程序，我走在前面，从教室里径直把孩子们往楼下带。下了教学楼，需要淋半分钟的雨才能到长廊。还好，雨不大。长廊上缠绕着干枯的藤，雨从木头的空隙中落下来，我们就都聚到了成蹊亭里。孩子们个子都不大，密密地有秩序地站着，刚刚好。站在亭边的阎乐祥，伸手去接亭外的雨水。

孩子们头脑中那些杂乱的关于假期的图像，好像被雨水冲刷而去。担心室外的课难以组织的我，在孩子们安静等待的眼神里松弛下来。在他们完全醒透的这一刻，在他们干净明澈的眼神里，我开始讲亭边的红叶石楠，讲亭外不远处的柳树。我们还远远地看了亭外盛开的一树梅花。之后，孩子们寻找自己的植物朋友，好好地观察它。

四

六（4）班上课的那天，天放晴了。做完操的孩子们，没有回教室，大家挨着坐在长廊边、亭子里。我站在中间，给孩子们讲花苞紧闭的海棠，还有操场一角的玉兰。这株玉兰比我们平常看到的玉兰树要矮小，叶片也薄一些，花更小更精致，但又不是在很久以前的街上，叫卖的那种散发出浓郁香气，可以别在衣襟上的玉兰花。亭子里坐着的孩子不知什么时候聚拢到了我的身后，想听得更清楚一些。

"我们都可以找到自己的植物朋友。每一天，每一周，我们感受着它的变化。变化也许极为明显,比如这株玉兰,昨天还只有花苞,今天已经有几朵开花了。也许这种变化不太明显,甚至你几乎无法看出它的变化。最重要的是,你要像朋友一样,陪伴它成长。"

持续数周、数月,甚至一年的感受与陪伴,孩子们与植物朋友们建立联系,将是刻入生命的记忆,而非浮光掠影的连接。

孩子们走出长廊,在更大的范围里观察。有几个男孩还不适应这样的课堂,站在操场上说着什么。我站在不远处等待着他们。但几分钟后,他们开始找自己的植物。女孩子大多围拢在柳树边,找它的花絮。不时有孩子过来轻轻询问。

五

"春天,天上下着小雨,我们来到亭子里观察柳树。柳树的树枝垂下来,上面还有一片片小小的叶子。朱老师说,她昨天还看到了一片像玉米的叶子,我真想看看那片叶子啊!"可爱的启嘉,像小小的玉米的,是柳树的花絮,也是有一天会随风而散的柳树的种子。

子铭的红檵木,向着红红的太阳怒放。虽然那天下着雨,并没有太阳。红檵木是湖南特有的一种灌木,嫩叶红色,是偏紫的红色。但在子铭的记忆加工里,颜色如此鲜亮。"我叫红檵木,我的叶子是血红血红的,在阳光的照射下,像红扇子一样,是不是很漂亮?"

柏合的画里也有太阳,当然还有黄色的雨滴,"我是一棵挺拔的小树,一直都会这么站着"。

楚唯画了梅树和柳树,他的画,如他所写的,有着"蓬勃的色彩"。迈萱的朋友小柳树,"她的腰细细,她的头发长长。春天,她会穿上绿色的裙子"。楚凡觉得梅花"她小小的花朵真像一个小嘴巴"。

炜涵画的是腊梅。"它现在虽然没有叶子,不过下个星期它就会长出叶子了。"满是秃枝的腊梅,在炜涵的注视里积蓄着力量。

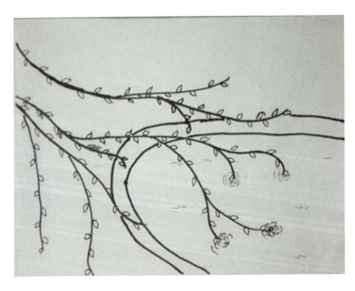

六年级的孩子们,听我朗读了《植物》中的《手中握着的珍贵礼物——花》。

许多萼片一起组成了花萼，开始时像是一双在祈祷的手，然后手中会握有一份珍贵的礼物，那就是花。花的彩色叶子被称为花瓣。但是花萼捧着的礼物不只是这些可爱的、彩色的花瓣，还有别的东西。有个东西看起来像是国王或王后的权杖，在最中央的花瓣里直挺地站着，这个部位叫做雌蕊。

如果靠近一点看花中心的权杖，你会发现再往下一点时，权杖变大了，看起来像一个球，在植物中这两者是一起的，上部像一个权杖，下部像一颗球。但是在植物学里这个部位不叫权杖和宝球。上面看起来像权杖的部分称为雌蕊，下面看起来像一颗球的部分则称为子房。

在科瓦奇的文字里，孩子们吸了满满一墨囊充满情感的墨水。

小叶女贞，绿绿的，小小的，叶子只有指甲盖那么大，非常惹人喜爱，虽然非常小，但生机勃勃，一年四季都是青绿色，细小的树枝撑起了许许多多的小叶子。叶子就像孩子，等待阳光照射、雨水的滋润，而根部则是心胸宽广的父母，把孩子往上顶，把最好的给孩子们。

红叶石楠是一种奇特的植物，新叶为鲜红，老叶却是祖母绿。新叶、老叶一代代轮回，像比赛中总有新队员加入和老队员退役。也有半红半绿的叶子，有点儿像脸谱。在这里，我发现了一只蝉蛹，它静静地趴在红叶石楠上，等待着破壳。为什么它一定要趴在红叶石楠上面，不趴在别的植物上呢？我想，只有红叶石楠才能给予它温暖和安全，它才在红叶石楠上安心孵化呢！

现在是早春，柳树抽出了嫩绿的新芽，新芽的颜色是淡淡的黄绿色，总让人联想到新生的婴儿。仔细观察柳树的叶子，你会发现它不同于其他的叶片。它更显得细长一些。再仔细看一看一些叶子的旁边，我发现了一种像微型玉米的东西。它只有一两毫米宽，五毫米左右长，十分微小。原来这便是柳树的种子——柳絮。站在柳树旁，我仿佛看见了漫天飞舞的柳絮。柳絮并不是每片柳叶旁都有，有时一根枝上也许只会有几个。有的藏身在几片柳叶的中间，想要找到它们可不容易。我观察了三棵柳树，才发现四个柳絮，我想肯定不止这么几个。也许，在柳枝的更顶端的部分会有更多的柳絮吧！只可惜，我看不见。

我看到了红叶石楠，现在是早春，我看见红色的小片的成群的叶片立在枝头，下面是相对大一点的绿叶，还可以看见一两片枯叶还未掉下。红叶石楠拥有锯尺般的叶边。叶子的反面可清楚地看见一根大而粗的叶脉从茎部直通叶顶，而又有许多细小的叶脉，以它为中心向四周散去。

我在红叶石楠的一片叶子下发现了一只蝉蜕下的皮。它是第4龄的蝉，有一对大萼，用来抓住树根来吸食树的汁液，它还有一根吸食树液的管子。最奇特的是，它有一对发声器管。雄蝉会发声歌唱，在夏天给我们带来音乐。夏去冬来，一直到春天来到，它蜕下的皮居然没有变样，太神奇了。

六

站在修剪齐整的小叶女贞边，陈竹说："每一次修剪，就是一次打击，不断地打击之后，原本可以结出果实的小叶女贞，永远失去了结果的能力。"

把世界带进教室，也把孩子带向世界。让每一颗进入孩子心灵土壤的种子，都不要失去结出果实的梦想。

当孩子和世界长在一起

一

3月5日,惊蛰。薄如纱巾的浅蓝的天,一朵云也没有。太阳轻轻悄悄跟在上学的孩子身后。没有红绿灯的"护学岗"上,交通劝导员山呼海啸般吹哨,火爆爆地大喊,如滚滚春雷。

校园里,草木纵横舒,<u>丝丝缕缕</u>的新绿润人眼目。

第二节,是二(3)班的课。

我把"春"字的甲骨文、金文、小篆描在黑板上。黄菁菁、周伊阳、雄飞起劲儿地猜着这是个什么字。为了满足他们的爱争爱论,"春"字的楷书,我就不写了。

二

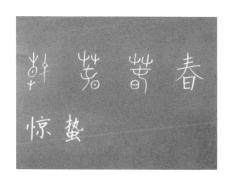

"看看这个字的甲骨文,它的左边、上面和下面都是草,中间是什么?"

"太阳。"画儿一样的文字,无须思考。

"到了金文和小篆,小草并肩长,太阳移到了下面。"

几个急性子的孩子,在翻《我爱吟诵》,忙着找黑板上写着的《春日》在哪一页。

"小草使劲地长啊,长啊。它要冒出来,告诉大家,春天来了,春天来了。"

"春",舌齿间字,轻盈娇稚,我们也用声音描绘着春的模样。随着文字的逐渐演变,图画的感觉消失了。今天的"春"字,"日"还在,但"草"和声符"屯"发生了变化,从"春"的上半部分已经根本看不出原义了。孩子的世界是生机盎然的,他们应该见到汉字中的生命,而不是抽象的笔画。我们让孩子在古老的文字里发现文字和万物的关联,帮助孩子与文字建立真实的联系,期待填补"抽象"与儿童之间的鸿沟。

从"春"讲到"惊蛰"。

"雷公公拿出大鼓敲起来。这个超级大闹钟,把藏在泥土里睡觉的小虫子给闹醒了。小虫子好想再睡一会儿呀。啊,就一会儿。可是雷公公的大鼓总在敲,耳朵都要被震聋啦。小虫子们说,哎呀,不睡啦,不睡啦,出来活动啦。"蛰伏于地的小虫,就是赖在被窝里不想起床的孩子啊。故事与生活叠映,"惊蛰"的陌生感一扫而空。

胜日(!)寻芳——泗水滨——

无边──光景一（！）时──新──
等闲──识（！）得（！）东风──面
万紫千红──总是春──

面对面吟诵，孩子们可以全神贯注地感受我整个的状态。眼神相呼应，声音在跟随，师生之间成为一个整体。所以"保持直接的接触——这是一件细小的事情但却是重要的事情"。(《做适合人的教育》)

《春日》是一首哲理诗。正如"吟诵建议"所说，"我们不用探讨此诗的学理内涵，只要在吟诵中把诗人想表达出的春日寻芳的感受传达出来即可"。

我只给孩子们讲了"识得"二字。

"两个字都是入声，'识得'，这顿挫的声音，像不像诗人在说，'啊，原来春天就是这个样子的啊！'"

"胜日寻芳"的画面是抽象的。孩子们在生活中看到的春景，将"无边光景一时新""万紫千红总是春"填充得具体、鲜活。在春天学吟《春日》，回到诗的现场，还原诗的场景，让教学与季节相融合。

四

室内的学习是"吸"，室外的观察是"呼"。室内室外的交替之间，省去了整队集合的环节。我提醒孩子们，"不要让自己的行为给别人带来麻烦"。没有了教师的严密监视，六年级的两个孩子开始旁若无人地大声交谈，进入教室后，还在座位上大声说。大班额下的孩子，习惯于在雷霆万钧之后安静下来。

我看着他们，我在等待，虽然我无法确定自己能等多久。

在孩子们都开始在纸上写的时候,黑黑的壮小伙和精力无穷的瘦小伙,终于闭上了嘴巴。

二年级的孩子更乖一些,进入教室,就忙乎开了。没带蜡笔的十来个孩子,能借到的,没有几个。同桌以一种"谁让你不带蜡笔,给你一个教训"的凛然,自顾自地画画。我提醒靠窗的女同学,把蜡笔借给同桌。一番表扬尚在进行之中,好多盒蜡笔已经移到两人座位的中间。

几分钟后,我走到教室最后一排,发现小男孩纸上还是一片空白。

"你怎么还没有开始呢?"

"她不借蜡笔给我。"白白胖胖的男孩,停止了手在抽屉里的鼓捣。

齐眉刘海、大大眼睛的同桌,不声不响地把漂亮的新蜡笔摆到了男孩桌上。

男孩嘟囔着:"你不借给我,我还不想借呢。"

被大人们捧着长大的孩子,比嘎嘣嘣的薯片还脆。抬脚即可过的障碍,也懒得去跨。小男孩一直生着闷气,不吱声也不动手画。劝了半天,铃响了。

五

"今天,我们又来到了教学楼观察植物。呀,真的和朱老师说的一样!玫瑰花真的掉了,腊梅花真长了花苞。那什么时候又会开呢?玫瑰什么时候又长呢?真期待啊!"

"呀,真的和朱老师说的一样!"小小脸儿眯眯眼睛的启嘉的惊叹,让我知道,我在室外对孩子们说的话,他们没有听真切。启嘉笔下的玫瑰花,是我说的梅花。那株光秃秃的腊梅树会长出嫩叶，而不是花苞。

六年级的课上，我把室外讲的内容调整到了室内讲。孩子们听得更清楚，我也更能把所有的力量用在讲述上，不用分太多的神去组织学生。讲述的内容来自《植物》中的《介于太阳与大地之间的植物》和《绿色的软垫——苔藓》。当我不能再依赖书本，我需要反复朗读，让科瓦奇的文字与我产生关联。

植物把根扎在深黑的土壤里，而它的茎、叶子和花不喜欢黑暗，它们要向着光生长。植物是太阳和大地的孩子。植物以大地为母亲，以太阳为父亲，在太阳和大地之间生活。

苔藓喜欢贴近大地母亲，它用纤细的丝状物和大地连接。苔藓喜欢和小伙伴一起成长，成群结队的微小苔藓组成了森林中的一片软软的垫子。这些柔软的绿色垫子，能像海绵一样吸收水分，并保持水分。潮湿的地面，让高大的树木得到所需要的水。如果没有苔藓，雨水会流走，地面会变得干燥，高大树木的根将难以获得足够的水。小小的苔藓帮助了整座森林。

眼睛的对视交流，让孩子们的聆听更为专注。这专注滋养着讲述者。面对面的学习，让"精神的暖流"在教室里流动。

六

六年级的孩子，我没有要求他们画画。我害怕看到那些浸染着时尚漫画气息、带着尖锐利角的图画，怕看到那些成为套式、失去自我创造生命力的符号。

在六年级孩子的眼中，柳已经长大了不少。"新长出的小芽们"似乎是害羞，把小叶子卷起来了，好像用手遮住了脸庞。柳絮则由叶底上的几个小颗粒变成了许多较为大的长条状，都集中在一根小轴上。""长大了的柳絮不再像玉米了,反而变得像毛毛虫。肥嘟嘟的,很可爱,马上它就可以展开它华丽的一面,摇身化为美丽的蝴蝶了。新的旅程就要开始了。""它(柳絮)的样子有点儿像蒲公英,可又不像蒲公英那样白,伸展出的末端,是一粒粒浅黄色的'小球'。""长大了的花絮犹如蒲公英一般美丽。她似一个长大了的孩子等不及了要去体会世界的美好,一个个只想纷纷落地,离开母亲的温暖怀抱。"

孩子们用文字,将植物的美记录下来,这是细致观察后的如诗如画的呈现。这种收获是从内在涌出来的,因而也更为深刻和长久。孩子眼中的植物,不再是统称为"花草树木"的一大片模糊的印象。

孩子们用眼睛看,用鼻子闻,用手触摸,"孩子有迫切用他的整个生命来体验世界的愿望"。他们笔下的植物,带着生命的热度,饱蕴着情感。孩子们的"生机与热情"让安静的植物变得生动。

七

把"教材"和"人"联系起来,这是多么重要。

"人"与"世界"是"和"而非"隔"。当孩子与世界产生关联,他将与世界逐渐长在一起。和世界长在一起的孩子,如何能不深爱这世界。

破 茧

一

声音的对照里,意义涌生。

入声的"一""刻""值",夹在连平的"春宵"与"千金"之间。短促与悠长的对比中,更觉春宵之短与珍贵。

齿音"细细"的清利,舌音"沉沉"的重厚,让歌声在夜的怀抱里飘起来。

春 宵
（宋）苏轼

```
ˉ ˉ · · · ˉ ˉ
春 宵 一 刻 值 千 金,
ˉ ｜ ˉ ˉ · ｜ ˉ
花 有 清 香 月 有 阴。
ˉ ｜ ˉ ˉ ˉ ｜ ｜
歌 管 楼 台 声 细 细,
ˉ ˉ ｜ · ˉ ˉ ˉ
秋 千 院 落 夜 沉 沉。
```

诗中多双声词与叠字。"第三四句,每句都以双声词开头,叠字结尾,这样在声韵上造成一种绵长、回环的感觉,从而传达出

悠然怡然的意境。"(《我爱吟诵》)

"细细""绵密""平陈"的支韵,加上去声的清远,用声音摹拟出歌声的遥远、绵邈。

秋千,轻捷的齿音里,秋千荡起来。小的时候,做完作业以后就是疯玩。鼓鼓脸颊,喜欢高高扎一个马尾的杨玲珑家,大樟树上有她外公为她做的简易秋千——系在树上的麻绳末端打一个粗结。一个像猴子一样抓紧绳,另一个在下面使劲推。"呼——"秋千飞起来了。

春天的夜晚,馨逸无边。花在蓬勃绽放,远处楼台歌管喧嚣,静夜裹住秋千白日的呼呼风声与咯咯欢笑。春夜不同于秋夜与冬夜之处,便是这沉静中汩汩流出的生长的力量。所以,全诗收束于高而扬的阳平,而非低而悠的阴平——"秋千院落夜沉沉"。

沉静的《春宵》,如春的协奏曲,充盈着声音的美。

二

看到我写在黑板上的《春宵》,二年级的孩子早已各自翻开书,边舞边诵。新版的《我爱吟诵》标注了平仄符号,让吟诵有了动作的助力。孩子们在声音与动作的配合中摸索着。上课其实已经开始,不必用"起立"来干扰孩子们了。

知宸的动作,带着男孩的力量与干脆。离开桌面悬着的双肘,让背脊更为挺直。且听他诵——平声延宕,仄声短促,入声顿挫。

吟诵,已如初春的小草钻出地面。

2011年8月,扬州,中华吟诵初级班的学习。我最喜欢把自己的声音藏在大家的声音里,不用担心声音是否悦耳,不必费力去想下一句该如何去吟。

当我把吟诵带给孩子们,我总是让孩子们和我一起吟,一起诵。大鱼带着一群小鱼，一起游在声音的河里，不须着力，自在优游。

孩子们终有一天能独立地吟或诵。他日的独立来自今日集体的暖流。当然，我无法预测这一天会是哪一天。每个班的孩子都不同，每一个孩子都不一样。

而今天，知宸已经游到了前面。请他站起来，带大家一起诵《春宵》。

三

六年级的课，从做眼保健操开始，"一二三四二二三四"的节奏里，壮小伙左手托腮，大声朗读墙上的"新学期寄语"："用一颗向上的心，去迎接新学期的挑战……"

眼保健操结束，第二节课开始，壮小伙的朗读还在进行中。几个孩子在说着永远说不完的小话。起立与问好，不可能让教室里彻底安静下来。我的生气，只会破坏吟《春宵》的好心情。

索性什么都不说，我轻声吟起来。习惯性地，孩子们抬起手臂，随我一起，舞动，吟唱。一遍，两遍，我穿行在座位间，带动孩子们加入。

"今天我们仍然会去看我们的植物朋友。不知道大家发现没有，桃李园里的植物，比百草园里的，更早感受到春天的到来。百草园被楼房包围，受到阳光的爱抚远没有空阔的桃李园多。同在桃李园中的植物，靠近操场的比靠近教学楼的，要绿得早。每一株植物都在极力舒展叶片，迎接阳光的到来。没有哪一株植物，会拒绝阳光与温暖，我们也应该像植物一样，拥抱每一缕阳光，而不是努力逃避。"

把那盆放在讲台下的杜鹃花捧在手上，走入孩子们中间，让他们看得更清楚一些。

"老师小的时候,在山上采来养在玻璃瓶里的杜鹃都是红艳艳的,我们叫它映山红。现在我们看到的杜鹃,颜色就非常多了。这是我的植物朋友,玫红色的洋杜鹃。洋杜鹃是相对于土生土长的杜鹃而言的,两种杜鹃最大的区别就在花瓣。洋杜鹃的花瓣有几层,而土杜鹃就只有一层。最初的洋杜鹃从哪儿来?陈竹老师说,土生的杜鹃中,总有那么一朵或两朵长得和其他的不一样,它的花瓣是重叠的。园丁就会把这一枝剪下来,进行栽培。慢慢地,就培育出了洋杜鹃这种品种。杜鹃只有雌蕊,没有雄蕊,所以它们不会结果,只能依靠'扦插'长大。'扦插',就是把枝剪下来,插在土里,让枝长出根来。"

神奇的"扦插",让孩子们瞪大了眼睛。

感谢我的植物朋友,它让我发现,默不作声的植物,生命一直在流动。"两个星期前,尖尖硬硬的,嫩绿中透出一缕红的花苞,藏在了深绿色叶子的中间。花苞逐渐鼓胀,嫩绿的花萼帐篷掀开一个角,一丝玫红的花瓣羞涩地探出头来。然后,花萼帐篷慢慢放下来,玫红的花瓣从帐篷中完全站起来了。花瓣合拢着,像遮着盖头的新娘,不肯露出她的脸。当盖头掀开,花儿完全绽放笑脸的时候,花萼帐篷完全被遮掩住了。此时,淡红花柱嫩黄柱头的花蕊,骄傲地昂头站在了花瓣舞台的中央。"

从容的讲述,来自这一班的孩子安静下来的心。

"一会儿我们下去之后,可以在桃李园那一排桂花树下,看到好多土生的杜鹃。这些杜鹃的叶子没有洋杜鹃的叶子圆润。它们的叶子尖尖的,长着茸茸的毛,平平地摊开。新生的嫩叶折叠着,直向上长,像长沙双簧表演里'哈利油'头上扎着的'冲天炮'。"鼻梁上刷一块圆圆的粉,朝天扎一个小辫的"哈利油",让孩子们笑倒了。

"杜鹃是最想得到太阳父亲疼爱的孩子,叶和花都挤着长在枝的顶端。在一长排杜鹃里,老师发现,只有一株长出了花苞。杜鹃的花苞好像火炬,直指天空,等待着太阳父亲把它点燃。轻轻摸一下,花苞竟然黏糊糊的。杜鹃是植物王国里的霍比特人,个子都不高。它们喜欢在酸性的土壤里安家,它是测量一个地区土质酸碱度的地标。湖南的土质偏酸,正好适合它们生长,所以它们在这片土地的角角落落都安下了家。"

长长的讲述,想要引发的是孩子们的细致的观察。这节课,是孩子们第三次走近自己的植物朋友,没有了最初的新鲜感,孩子们需要用敏锐的心,去捕捉"朋友"在这一个星期里细微的变化。

四

"昨天晚上,迈萱把《日有所诵》里那首要朗读的古诗,标上符号,一边做动作一边吟诵,好有意思。"戴蓉老师忙着要跟我分享。

"我上课没有告诉他们标平仄符号啊。"我急着完成一份表格,边说边"噼噼啪啪"地打字。

"一声二声是平声,三声四声是仄声,迈萱知道的。她也不知道自己标得对不对,不过舞得好起劲。"戴蓉仍是掩饰不住的兴奋。

平声,仄声,只在第一次课上给孩子们讲过。能有的影响来自周复一周写在黑板上的古诗,来自一周又一周的吟诵课。

主动给《日有所诵》上的古诗标注平仄符号,边舞边吟的二(3)班的迈萱,是破茧而出的又一个。

五

　　茧会在哪一刻而破,我们无法知道。

　　作为父母,作为教师,我们能做的,是给予合宜的温暖、安全的环境,让蛹在茧中,安静成长。

　　然后能做的,就只有等待。

　　诸如用剪刀之类的工具帮助破茧,或在破茧的艰难之时忍不住地奋力相助,其实都是残忍的。

　　可我们常常以爱的名义,常常在不自知与不自觉中,犯下了这样的过错。

属于自己的风景

一

哑音的入声，如浪，一波一波拍打思乡的岸滩。

泊船瓜洲

（宋）王安石

–			–	–		–	–
京	口	瓜	洲	一	水	间，	

–	–			·		–	
钟	山	只	隔	数	重	山。	

–	–			·	–	–	
春	风	又	绿	江	南	岸，	

–	·	–				–	
明	月	何	时	照	我	还？	

"京口瓜洲一（！）水间，钟山只隔（！）数重山"，入声强调的是，泊船之处离家乡如此之近。"春风又绿（！）江南岸"，"绿"的顿挫里，草木欣欣然张开眼。"明月（！）何时照我还"，顿挫的"月"里，落寞升腾。近在咫尺也好，江南美景也罢，可望而不可即。

前三句带给人的极大喜悦，在第四句的郁悒里怅然而逝。收音于鼻音"n"的"问、山、岸、还"，仿佛长长的叹息。

二

在湿润的微凉的空气里，我们轻声学吟《泊船瓜洲》。

京口、瓜洲、钟山，于孩子们多么陌生；思乡，是未尝有过的人生经历。

"春风——又绿（！）江南——岸"，诗人的眼中、心上会有怎样的风景？

这样的美好，也围绕在孩子们身边。碧绿的柳叶，翠绿叶镶嫩黄边的金边七里香，深绿的樟树叶，浓绿的大叶黄杨，发出轻柔呼唤。于是，笔直挺立的三株银杏，稀疏的绿叶在光秃的枝上跳跃；紫藤爬上架，绿叶中是淡紫的花；腊梅的叶也逐渐多起来，想赶上满树绿叶的红梅。更多的星星点点的绿，在雨中跃跃欲试，要加入这绿的合唱。

"绿"的包围里，"嘀嗒"的雨声，还有吟诵，让孩子们似乎有朦胧的懂得。泊船瓜洲，在明亮的月光下，在淡淡的、悠长的树与草的香里，如何能不想家？

"a——n——"，孩子们用手感受从鼻腔里呼出的气流。佳樾说，还有振动呢。

吟诵，让每一个字的音，都有完美的呈现。长长的韵字里，愁绪在滋蔓。声音，成为孩子进入诗歌的翅膀。而人类在最初，便是依赖声音的部分，进入语言的世界的。松居直在《我的图画书论》中说："语言具有来自音调、韵律、声音的美丽和愉悦，培养孩子在这些方面的敏锐感受，就是语言体验的开始。"

很多人的生命体验，诗人的，教师的，还有吟诵者的调子中流溢出的,交织在了一起。这声音,让孩子们的心田绿意萌生。

雨,不知什么时候又下起来。沙沙的,好像怕惊扰到人。远处传来的雷声并不隆隆,偶尔有闪电,调皮地闪一下又溜走了。

三

与土地最近的人,最需要日历,也最明白二十四节气与自己的关联。

3月15日、16日,听雨而眠。茶花怒放,满院子的热闹。

3月17日,雨一直下。雨刷在玻璃上不知疲倦地刷过来,划过去。

"爸爸小的时候,这样的下雨天,你爷爷是不会让我们出去的。"

"为什么?"

"雷公会出来,劈开大树,把藏在树里的妖精劈得无处可逃。"

听雨,听父子俩聊天。

田地里积满了水,油绿的草从水中踮起脚来。狂欢的油菜花,一路飞奔。

3月19日,看孩子们的小花伞,浮在小雨里。

3月20日,春分。

这一天是六(4)班的课。

"如果我们有机会看日出,就会发现,从春天到夏天,太阳的

位置在渐渐升高,白天会越来越长。一年当中,有两天是日夜一样长的,那就是春分和秋分。春分除了日与夜一样长之外,它也是处在春季的最中间的那一天。从春分开始,雨水会越来越多。泥土变得湿润,农民准备犁田、耕种。"孩子们的眼神有些飘。春分、耕种,和城市的孩子已经完全失去联系。失去季节关联的孩子不喜欢雨天,觉得湿答答的。

四

"春天来了!春雨在绿色的叶丛中弹奏着乐曲,低声呼唤着美丽的桃花妹妹。桃花妹妹醒醒啊,春天来了。"

桃花满树开,"花发夹"好漂亮。

迎春花"贪婪地吸着雨水,小叶子在雨中点头微笑"。

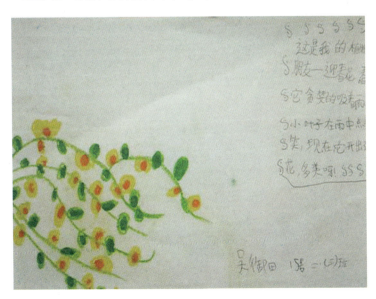

炜涵惊喜地大喊："这是腊梅，看，它长出叶子了！"雨中看腊梅，画中出现的却是火球般的太阳，是习惯使然，还是孩子内心欢欣的外在呈现？

馨逸发现"柳树长出了大叶子"，柳树下是小蝌蚪。池塘边永远绕着一圈恨不能把头栽进小池塘里，翘着屁股看蝌蚪的孩子。

"红叶石楠的叶子越来越多,嫩叶全部张开了。枯叶则没有多少了,好像到了春分就不再落下。红叶石楠旁的四季桂挤出了细细的花。柳树的枝条越升越高。池塘里,小蝌蚪聚成一堆,密密麻麻的。"

"红叶石楠顶部的红叶不再有合住了叶片或半开半合的现象,一簇簇叶片尽全力张开,尽情舒展着自己艳丽的红裙。"

"红檵木的花很细、很小,一丝一丝的花瓣尾部是深粉的,越往上,粉色就越淡,有些花瓣的顶端,已变为白色。花瓣上,还有一滴滴雨水,不愿散去。""红檵木"的"檵",就像那一丝丝的繁复的花。

在电子图像的围城里,这样的图画和文字,能带孩子们找到自然之门吗?孩子们能拥有一片属于自己的风景吗?

更有力量的连接

一

清早纷纷的雨,很快就停了。上午,天越来越亮,仿佛太阳就会出来。正午,雨打在树上,沙沙的。雷声由远而近,再温和地远去。沙沙的雨,滴答,滴答,又停了。

小桂花树、樟树是新绿,老桂花树、玉兰树是深绿,满地绿色和深紫的桂子。杜鹃花吹出紫色小喇叭。茶花一两朵,藏在叶间;靠墙的一株,倒是朵朵伸出头来。如枯枝的葡萄藤上,茸茸叶儿吐出绿色的梦。鸟儿躲在桂树的繁枝密叶里,不像天晴时,喜欢站在枝柔嫩的尖上。

雷又来了,不急不躁。雨下起来,沙沙,沙沙。桂树尖端,黄绿中染一抹红的新叶,唤一只、两只、三只鸟儿入怀。也有不惧雨的,偏从桂树中飞出,歇在针叶稀疏的杉树上,才立定,又飞回了。

雨渐渐大了,打在积水的洼里,荡开大圈小圈。鸟声被雨声洗亮。

雷公抡起大锤,没来由地来,又突然没来由地走了。

午睡醒来,雨声哗啦哗啦,雷声轰隆轰隆,近处鸟儿细碎的叫声,穿过叶的缝,雨的缝,在枝尖不易察觉的轻摇中模糊传来。而布谷声声,浑厚如男中音。

院中的草匍匐着，不想离开母亲；田里的草已然独立，围着亮亮的水洼做圆圈游戏。拱形塑料棚里，秧苗酣睡。

池塘边，有人打着伞一动不动在钓鱼。

哗哗的雨，一直下到晚上。池里的水快满了。

这一天，是2013年的4月4日，清明。

二

清 明

（唐）杜牧

```
- - - · | - -
清 明 时 节 雨 纷 纷，
| | - - · | - -
路 上 行 人 欲 断 魂。
| | | | - | |
借 问 酒 家 何 处 有，
· - - | | - -
牧 童 遥 指 杏 花 村。
```

"这是一首平起七言绝句，用的是'文（en/un）韵'，是一个低回含蓄的韵。诗中绝大多数字都是合口、闭口的音，不断强调这个韵的感觉。这首诗非常适合闭口荡漾长吟，韵味无穷。"（《我爱吟诵》）

"清明——时节（！）雨纷——纷——"。"节"，入声，"清明"长吟至此，做短暂停歇。口腔气流被截住的姿态，正模拟长长叹息之后，一颗心往下沉的悲切。温暖、热闹、相依相伴、同在一盏灯下的过往，冷清、孤单、生死隔离、永不相见的如今，在这个特殊的节气里,突然如此清晰。"雨纷纷",用实景将心的痛与空表出。"纷纷",细密的雨在往外送气的流里飞起来,沾湿额头迷蒙了眼,黯淡了心。

"路上行人——欲(!)断魂——",入声的"欲",仿佛悲咽。

"借问酒家——何处有",是全诗中唯一没有入声的一句。除了郁积的情感在前两句有适切的发抒,还因为与天真孩子的对话,故而"牧童"中的"牧",用一入声,牵诗人走入美好的现世——杏花灿灿,酒香驱人愁。

三

前天,4月2日,课前我在黑板上写《清明》。孩子们从我和讲台之间的窄缝过去。我避让着挤过去的孩子,怕碰到我写字的手。

"清明时节雨纷纷,路上行人欲断魂。老师,是不是这一首?"穿翠绿上衣的宇翔看着刚写完的题目问。

"老师,《清明》在哪一页?"舜羽问。

老师与孩子之间的亲切熟悉,不仅仅来自课堂,更来自课间不经意的交流。

"4月4日……"不待我往下讲,嘴快的孩子在接"清明节"。

"对,是清明节,也是二十四节气中的清明。就快到清明了,你感受到了什么?"

如何让节气与孩子产生关联?最重要的是一日一日的生活,如空气般围绕的生活。

"它长出了绿色的叶子,树上原来只有枯叶。"迈萱指着窗外。栾树高高,对着孩子笑。

景程嚷道:"声音太小了,我听不到。"走廊里叽喳的一队,正下楼去。

我把迈萱的话重复一遍。靠走廊边的孩子站起身来,扯着脖子,夸张地望向窗外。

"我在岳麓山上看到好多烈士墓,有人在扫墓。"圆圆脸儿、大大眼睛的沐阳说。

"天气潮湿,一楼的地板会冒出湿湿的水气。"住在高楼里的孩子,对我的话没有共鸣与呼应。高楼,截断了人与节气的关联。

四

我们打开书,孩子们自由诵诗三遍。班级齐诵。入声顿挫,平声延展,唯有仄声不够短促。我带孩子们诵。诵诗之后大致说说诗意。

"诗人问牧童,哪里有酒家啊?"

"他想借酒浇愁。"不知谁在插话。

"清明时节细雨纷纷,天气仍然很寒冷啊!诗人想用酒来驱散寒冷,让身子暖和起来,也想用酒,让心暖和起来。"

不必字字解,更无须步步问,断魂的况味,如何能问出来?生活是酿诗的酒窖,诗自会与人在生命某一瞬间的状态相契合,成为生命的一部分。尊重儿童,敬畏课堂的表现之一,就是不能总想着一步到位。

听我吟,轻声随我吟。吟好了入声,便吟出了这首诗的味道,黯然神伤的气氛丝丝渗出来。

吟诗之中,诗的情感和音乐的情感合而为一。当载着丰富情感的吟诵与内心丰富的儿童相遇,孩子更能进入诗歌。

五

默不作声的大自然,如何与电子产品拔河?

生活在钢筋水泥的城市,如何珍惜与大地的关联?

享受空调,四季有如一季的孩子,如何与季节联系?

慢慢寻找,城市儿童通往大自然的路。

连续的图画里,左边是美丽的梅花,右边是瘦高的韩烁。

2月26日:"她的名字叫梅花,她是我的朋友,她现在在跳舞,她骄傲地说:'我多美啊!'我说:'骄傲使人落后,谦虚使人进步!'梅花不好意思地笑了。"那是春天初临的日子,下着雨,我们在亭子里看梅花。"骄傲"的感觉来自满园唯有梅花怒放。

3月5日:"今天,我又来看我的朋友——梅花,可是她今天很冷,我应该给她买药吃!"韩烁说,梅花生病了,凋谢了。

3月19日:"今天,它终于能快乐地生活了,我要感谢这位'医生'。"绿叶旁边的红色小点是什么?下课了,韩烁带我来到梅树边。绿叶的旁边,真的有紫红的叶子。

3月21日:"吃了药,真见效,终于好了,它又可以生活了。""吃了药"的梅花长出嫩嫩的叶子。

3月26日:"我的朋友梅花,又开始跳舞给我看了,让我当观众。"繁茂的叶,与花一样跳起舞来。

4月2日:"今天我来看望我的朋友梅花,我看到它的一个树枝已经快断到(掉)了,请大家保护我的植物朋友。"

对于植物美丽的留存,让孩子看到植物受到伤害会心痛。环保意识最深层的动力在哪里?来自于这样的疼惜里。

范芮萌,三个草字头的字,有春天般的生机。"瞧,桃花正高贵地站在草丛中!""看!我的枝长出了绿叶子。""瞧,桃花正在枝头对我笑呢!""呜呜呜……我的花掉完了……""呜呜"哭着的是桃树,也是有些难过的范芮萌。

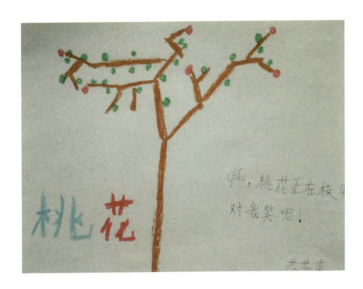

馨逸有两个植物朋友,柳树和海棠。

"它叫柳树,是我们的朋友。长长的柳枝随风摆动,每年春天,它会长出小芽,柳枝会变成绿色,可好看啦!我喜欢柳树。"

"我喜欢小柳树,它是我最好的树朋友。它特别有趣,这次我还看到了它的柳絮呢!小小的柳絮多好看啊!我非常喜欢它。"是发自内心的情感,让柳枝骄傲舒展。

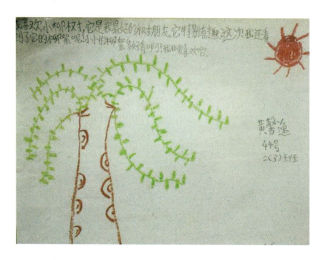

"我最喜欢柳树和海棠花。海棠花有红色的花苞,柳树穿着绿衣服,美极了。"柳叶间有些像小虫的东西,就是柳絮。为了表达对柳絮的喜欢,她多画了好多个。

"柳树已经长出了大叶子，它们很美丽，我爱柳树。"柳树下，蝌蚪满池塘。

"柳树完全长成了，树枝更长了。我还发现了柳絮哩。"柳树、蝌蚪、海棠，聚在了一起。

"这是柳树，瞧，她在梳头哩！"

"春天来啦,我是柳树,看!我跳得(的)舞多好看啊!我的绿色长辫子,在风中摇摆,多有生机呀!"

新开的海棠出现在御田笔下:"春天来了,我醒了,我睁开迷迷糊糊的眼,一看,哇,多美的春光啊!我张开小嘴,吐出了嫩叶,开出火红的花,我长大了!"

3月19日，迎春花儿开。"这是我的植物朋友——迎春花。春天，它贪婪地吸着雨水，小叶子在雨中点头微笑，现在它开出了金黄的花，多美呀！"

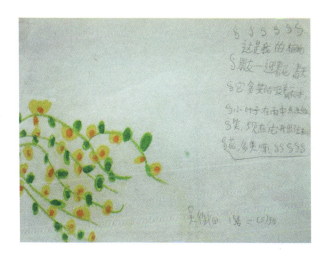

"啊！多美的春天呀！我的小紫藤在风中飘扬，多好看呀！嫩绿的叶子在太阳下微笑，多可爱呀！"御田不仅看到爬上亭的花，也发现了它粗壮虬曲的枝干。

"这是我的植物朋友——月季,清明就要来临,它发出芳香,红红的花,美极了!"这些月季,藏在亭后的小路边。每一样新开花的植物,都会进入御田眼中。

周复一周的观察,积淀情感,对于周围环境的爱护自然生长出来。日益增加的情感,让孩子与植物之间的联结,不再虚幻,逐渐结实牢固,想与做开始协调,头的思考与身体的行动不再分裂。

这样的联结,比告诫、监督、责备,更有力量。

六

对植物的观察,让外在的植物吸入孩子内心;画与写,将内心的感受呼出。画与写是孩子依靠自己的力量寻路、开路的过程。这个创造的过程,孩子需要的是解除束缚,获取自由。没有了标准答案,在做练习题中形成的被动和依赖,因为连续的读与写,而被撼动。第一次是艰难的,但第二次,第三次,更多次,"我"的独特,从标准模式的壳中挣脱出来,露出稚嫩的触角。

室内吟诗，室外观察，再回室内画画、写话，这是每堂课的基本韵律。孩子们清楚地知道，下一个环节将会干什么。一切都是可预见的，让孩子有极深的安全感。动与静、吸与呼交替，节奏给孩子不断前行的力量。学习以整体的方式围绕孩子展开，课堂与孩子的生活连接。用整个人，而不仅仅是头，感受着每一个节气。

什么是适合这一群孩子的课堂？除了教师不断学习、思考，更重要的是教师要感受、观察这个学校这个班级这一个孩子的特点，与之碰撞，并有碰撞之后的适应与调整，教师与学生之间的连接，由此将更有力量。

第二辑

我爱吟诵

有魔力的符号

九点,孩子们进入礼堂,开始每日的晨会。今天讲述故事的是校长。她起伏的腔调,时而神秘、时而舒缓的神情,让孩子们沉浸在故事的世界里。当讲到敲门时,一个老师叩响了木制的墙,发出"笃笃"的声音。当校长讲到某处时,孩子们欢快地应和着,鼻子里发出"呼噜噜"的鼾声。这样的呼应重复了二次。非洲小说家本·奥克瑞说,在人们阅读或讲述一个故事之前,它是没有"生命"的,"它真实的生命始于它开始活在你心中的那一刻。"(《故事知道怎么办》)在孩子与老师之间一遍又一遍的呼应里,语言被唤醒,故事如清泉般渗入孩子心灵。

九点半,晨会结束,孩子们进入操场,在教师的带领下做操。

我进入二班,准备上课。我在白板上画上每句诗的平仄符号,等待着孩子们进来。

二班是六岁到七岁的孩子,有一个孩子只有五岁。我本来准备给他们上童谣的,但昨晚突发奇想,我想教他们吟诵《竹里馆》。试一试吧。

一些孩子盘腿坐在地上,一些坐在矮矮的凳子上。入乡随俗,我跪在了地毯上,跟孩子们简单地讲述了《竹里馆》的意思,然后告诉他们,我将教他们"中国式的读书"——吟诵。

我把《竹里馆》吟诵了一遍,这是徐健顺老师的调子。我想让他们先整体地感受一下吟诵,感受中国的旋律式的腔调。前面的两个男孩因这陌生的腔调掩嘴笑起来，但其他的孩子听得很专注。

我告诉孩子们"."""｜""-""—"的手势及音调的长短。孩子们伸出食指，和我一起比画着。我边吟诵边做手势，孩子们跟着我一起做手势，并模仿着吟诵。孩子们的模仿能力出乎我的意料。"独坐幽—篁——里"，孩子们竟然吟诵出来了。我就这样带着他们，边做动作边吟诵，如此反复多遍，孩子们并不觉得枯燥、疲倦。

看云（薛瑞萍，著名语文教师）设计的这些符号，有一种神奇的力量。这些符号让孩子们的身体打开的同时，吟诵变得可以触摸。他们比画着，吟唱着，晶亮的眼睛在告诉我，他们的心在吸纳。吟诵是吸入，手势是呼出，一呼一吸之间，吟诵的力量在逐渐蔓延，磁石般地吸引着孩子们。

一只手的姿势学会之后，我尝试着教孩子们用两只手来做手势。六七岁的孩子，正是模仿能力最强的时候，全然的真诚投入与信赖，让吟诵神奇地贴近了异国的孩子。

是旋律和音调，是节奏和韵律，使身体打开，让语言的坚冰消融，让吟诵神奇地在异国的孩子们身上开出花朵来。

这样的突发奇想，缘于孩子们在每日晨会时的反复歌唱，缘于孩子们对狄更斯的《雾都孤儿》的歌剧表演。旋律让歌词的意味穿透语言传达出来，旋律让孩子在多次的重复中快乐而不知疲倦。如果没有旋律，重复得太多的念与诵，将变成有口无心的小和尚念经，将磨掉孩子们对于诗性语言的热情，直至使之麻木。是旋律，让诗在孩子的内心深处放出光芒。

徐老师说，吟诵不是唱歌。其实，吸引初学者走近吟诵的，恰是因为吟诵像唱歌，像唱歌一样轻松和有趣。

朗读让朗读者将自己感受到的语言意蕴通过声音表达出来，

这是对倾听者，特别是对阅读能力稍弱的倾听者的阅读兴趣的呵护，对其阅读热情的点燃。吟诵也有相似的妙处。吟诵通过旋律把诗的意蕴，诗的无以言说的深层含义传达出来。离现代孩子有一定距离的较为高级的语言，经由吟诵，孩子得以轻松地领略其中无以言说的意蕴。吟诵是对初学古诗的孩子的呵护。吟诵的旋律与节奏恰如其分地传达出的意蕴，与喜爱旋律、节奏的孩子契合，让诗的种子轻柔地落入孩子的心田。

在英格兰牛津郡的冬天，今日所播下的这颗种子，在某一年的春日是否会发芽？

今日的吟诵，是否可能成为他日，其中的某一个英格兰的孩子，追寻中国文化的一条幽径？

爱的是你本来的样子

明天，一（3）班第二节课，我将从《我爱吟诵》中的《独坐敬亭山》，开始我的吟诵教学。

繁忙的开学工作间隙，我在小黑板上写下了《独坐敬亭山》。白色粉笔写诗，红色粉笔标记平仄符号。

独坐敬亭山

（唐）李白

|	|	—	—	|
众	鸟	高	飞	尽，
—	—	·	|	—
孤	云	独	去	闲。
—	|	|	·	|
相	看	两	不	厌，
|	|	|	—	—
只	有	敬	亭	山。

打开光碟，学吟《独坐敬亭山》。叶嘉莹先生说："吟诵是口耳相传的艺术，因此，最好的学习方式就是聆听别人的吟诵。"

先听徐健顺老师吟，再听程滨老师吟。"平长仄短""一三五不论，二四六分明"的吟诵规则更清楚地写在徐老师的声音里。当抽象的规则活在具体的声音里时，孩子更容易走进这些淡忘甚至尘封的规则。

一二十遍学吟、听吟之后,循着声音的路径,我们渐渐悟到诗中的意蕴。

第一句,"众鸟高飞——尽"。"飞"的绵长里,众鸟渐飞渐远。"尽"的收束,有说不尽的怅惘。

第二句,"孤云——独去闲——"。"云"字的延宕,让镜头由"众鸟"聚焦于"孤云"。轻而短的入声字"独",让我们看到轻而闲的"这一朵云",自由,闲适,渐飘渐远。

第三句,"相看——两不厌"。"看"的拉长,是"我"与山的深情对视,读你千遍也不厌倦的温柔。"不"的轻柔短促,让我们感到人与山,近到仿佛可以耳语。

第四句,"只有敬亭——山——"。当我们按"二三"节奏朗读"只有／敬亭山"的时候,我们感受到的是"只有敬亭山"陪伴我,而"众鸟""孤云"已远去的遗憾。但当我们听徐老师吟诵"只有敬亭——山——"时,说不出的喜悦与温暖从声音里传达出来。我听出了酷爱自由、不喜羁绊的诗人在与山的对视凝望中,蓦然醒悟:鸟自飞去云自闲。"飞"是"众鸟"在天空最自由的剪影,"闲"是"孤云"在天空最美的姿态。何必憾恨,何必惆怅,且看"众鸟高飞尽",且看"孤云独去闲"。如果鸟与云舍弃自己本来的样子,与诗人"相看",天性自由的诗人只怕会心生别扭吧。诗人爱的,应该是"众鸟"和"孤云"本来的样子啊!

静然伫立的敬亭山,与静然伫立的诗人相遇了,轻轻地叹一句:"原来你也在这里啊!"静立的敬亭山和独坐的诗人,相遇相看,相悦相惜。

拥有自己本来的样子,相看的人才会"两不厌"啊。

一小步，一小步

上午第二节课，一（3）班，我的吟诵教学开始了。

慢慢说，慢慢讲。

告诉孩子们，我将教给他们古代孩子们的读书方法。板书："吟诵"。"诵"字还没写完，耳灵嘴快的孩子以认识这两个字的无限成就感大喊，"令——诵——"。

齐念"吟诵"之后，板书"平长仄短"，平声，是一声和二声；仄声，是三声和四声。平声用"——"表示，吟诵时声音要拖长；仄声用"｜"表示，吟诵时要短促一些；还有入声字，用"·"表示，入声字读的音最短。

把"·""｜""——"一字排开，孩子们伸出右手食指，边做点、竖、横的动作，边打节奏。

板书"一三五不管"，有孩子带着发现的喜悦喊出下一句："二四六要管。"二四六真的是要管啊，接着板书："二四六分明。"让孩子知道，在诗的第二、四、六位置上的平声字和韵字要拖长，其余的字不拖长。

反复听，反复吟。

我先吟一遍，边吟边指着小黑板上的平仄符号做动作。我的声音远不及徐老师的声音悦耳，但孩子们需要老师按照黑板上的平仄符号边吟边做动作，有一个生动的示范。

听徐老师的吟诵。让孩子们边听边依照平仄符号做动作，我在前面带着他们一起做。前三句的动作还做得不错，第四句"只有敬"三个字都要仄声，加之和我们平时朗读的节奏"只有／敬亭山"不一样，孩子们的手忙乱起来。到"亭——"字时，孩子们的声音不能拖长，手上的动作也想急急地收回来。

依平仄而舞，能帮助孩子挣脱朗读的惯性。为了让孩子们挣脱这惯性，我决不吝啬表扬。每个大组都有从黑板下面边框直冲到上面边框的一长溜红色的星星。夸奖，让孩子们渐渐融入到吟诵的韵律中。

七八遍听吟之后，孩子们按捺不住地想张嘴吟诵了。让孩子们跟着录音轻轻地吟三遍，然后奖励他们大声地吟三遍。我在前面，和他们一样，也是边吟边做动作。没想到自己也和看云一样激动。立春后的长沙仍湿冷湿冷的，但几番带孩子们学吟之后，我的额上已经渗出了细细的汗。吟诵是个力气活！特别是带初学吟诵的孩子。冲破朗读的壳，需要这样大幅度的动作。

集体学吟之后，请敬泽站起来吟诵。"独坐敬亭山，唐，李白"。小手举得高高的，动作也做起来了，嘴也张开了，可就是吟不出声音。孩子着急啊。等待片刻，我摸摸他的头，说："别着急，先坐下。"敬泽坐下的瞬间，在他微微低下的头里，我瞥见了他失落的眼神。突然为我让他坐下的草率举动而后悔。我在自责：孩子毕竟才学吟五六遍，你让他如何能独立吟诵，你不也是吟了十几遍才学会的吗？摸摸他的头，貌似安慰；让他坐下，好像是让他暂时舒缓。其实，此时此刻，教师真正要做的，是和他一起吟诵，让他的声音安全地藏在教师的声音里出来。吟诵的火苗还多么微弱，老师应该是拢起手来护住弱弱的火苗，而不是让他在挫败的体验中渐渐熄灭。

我太着急了。接下来补救的办法，是让孩子们跟我一起学吟。学吟五遍之后，让举手的同学都站起来吟诵。吟诵的动作做得不错，可调子全给拉平了。吟诵的旋律不及朗诵的声音离孩子们近，不着急，再带孩子们吟诵。

吟了总有二十多遍吧，让孩子们分大组来展示，每个大组吟诵的时候，我跟他们一起吟，一起舞。调子出来了，真的出来了！我的可爱的孩子们，动作一板一眼，声音稚嫩动听，有怯怯的孩子，也有弱一些的孩子，但在一组人的"掩护"下，在老师的带动下，他们也很有成就感地完成了吟诵。

三、四、五大组展示完，下课铃响了，一、二大组的同学虽意犹未尽，但还是下课了。我告诉孩子们，下次课我们再展示。

第三节课，吴建纯老师到我办公室来，说刚才下课听了儿子张颢严的吟诵。她说，她学不来，觉得调子飘飘的，很好听。张颢严说，朱老师上的是音乐课呢。"是啊，不是中国元素的音乐，我很难想象，整节课重复做一件事，把一首诗吟诵了总有三十多遍吧，如果是机械的朗读，怎么可能让孩子们做到？"张颢严还告诉妈妈，只有敬亭山陪着李白。整节课，除了听吟、学吟，我没有任何的解释与分析，可在声音里，张颢严听出来了。张颢严让我相信，当吟诵让诗歌回到它本来的韵律，那么，对诗的体悟就会自然地从孩子的心中生长出来。

今天的课让我想起了图画书《小步走路》。

大哥说："你试过一小步的走法吗？"
"那是什么？"小鸭子问。
"注意看喔，"
大哥说，
"把脚抬起来……嘴里念'一'。"
小鸭子跟着念："一。"
"往前踩下去，嘴里再念'小步'！"
小鸭子跟着念：
"小步。"
"然后，换脚，再来一次。"大哥说。
小鸭子问："我可以练习一下吗？"

"你学会了!"大哥说。

"从现在起,我们就叫你小步。"二哥说。

小步念着:

"一小步……一小步……"

不厌其烦、不惮其详的叙述,是想用笔记录下我和孩子们迈开的这一小步。

简单的课堂,没有了步步为营,没有了环环相扣,没有了吸引人眼球的炫技。如果是以前,我会怎样来上这首古诗课?在这节课中,我只是反复地老老实实地带着孩子们吟诵,而孩子们也是乐此不疲地重复着。

重复,让孩子们有了更多自我体验的时间,与诗合而为一的时间。

中午,碰到排队准备出校门的一(3)班的孩子们,问他们:"喜欢吟诵吗?"叽叽喳喳的参差的童音响在蒙蒙的雨中:

"喜欢""喜欢""喜欢"……

老师与孩子,相看两不厌。

一小步,一小步,在料峭的春寒中,我们迈开了走向吟诵的步子。

我们和吟诵合一

今天上午第四节课,五(5)班,教孩子们学吟《独坐敬亭山》。反思昨天在一(3)班的吟诵课,我觉得在让孩子们学吟之前,应当让他们按诗的平仄边做动作边诵一遍。这一点对于低年级的孩子尤为重要,因为在这首诗里,孩子们有很多不认识的字。先依平仄诵一遍,既帮助孩子扫清识字的障碍,又可让他们熟悉诗依平仄而行的节奏。

上课前,调适电脑声音的间隙,有孩子就已兴致盎然地朗读起小黑板上的诗来,"众鸟／高飞尽,孤云／独云闲。相看／两不厌,只有／敬亭山"。

上课了,在讲吟诵规则之前,我把吟诵的"前世今生"给孩子们简单地讲述了一遍。吟诵是"澎湃在每一个中国人心里的声音",是"中国式的读书方法"。

讲吟诵规则。讲到入声字时,让孩子们用长沙方言说"白""黑""不",孩子一下便悟到了入声字应该读短音。入声字,顽强地活在我们的方言里面。

依平仄规律,边做动作边诵诗。诵之前,强调"看"读"kān"。第一遍诵,吟诵时应拖长的字"飞、云、闲、看、亭、山"拉不长,入声字"独、不"又不够短,"只、有、敬"三个仄声在一起,更是诵乱了套。朗读的惯性像强力胶,粘着孩子们。朗读与吟诵在拔河。

让孩子们用手依平仄符号做动作，手上动作的助力，加上教师的全情带动，诵的味道渐渐出来了。

是时候听吟诵了，我打开录音，让孩子们边听吟边做动作。第一遍听吟，五年级的孩子们笑成一团。

徐健顺老师说，世事难料。"一百年前，台上朗诵，台下哄笑一片；一百年后，台上吟诵，台下哄笑一片。"已经习惯了"朗诵"诗的孩子们，觉得"吟诵"有些怪怪的。

等孩子们安静下来，我没有再放录音，我来吟，边吟边做动作。有眼神的交流，有具感染力的动作，关键是人，温暖亲切地站在孩子们的身边，让吟诵不仅能让他们听得到，更看得到。孩子们的眼神专注了，想要学习吟诵的星星点点的火花开始闪现。在没有尝试吟诵教学之前，我总想，就让孩子们跟着录音学吧。一来自己不会吟诵；二来让孩子们跟着名家学，多好。因此，儿子在家里学吟诵时，我就是让他跟着录音学吟的。但是，今天的课堂让我确知，机器的声音永远比不过人的声音。听录音学吟是必需的，但一个想把吟诵带入教室的老师，一定要自己先把吟诵学起来。声音不动听没有关系，关键是教师的"存在状态"。教师站在教室里吟诵，是对这些吟诵名家最好的致敬。教师要用自己对吟诵的热情点燃学生。

教师的"存在状态"如磁石，把孩子们引向吟诵。听吟之后，我们跟徐健顺老师的录音学吟，边吟边做动作。十多遍的跟录音学吟之后，再让孩子们站起来跟我一起吟诵。

孩子们朗读古诗，原来总是"二三""二二三"的节奏，这样千篇一律、机械板滞的节奏，阻碍了诗与人的交流。吟诵，让我们不再是诗的旁观者，我们就是诗中的那群鸟，那朵云，那座山，那个人。我们用整个心灵来拥抱吟诵，拥抱诗歌。吟诵让诗歌成为我们"自己的"一部分。

李白与敬亭山合一，我们与诗歌合一，与吟诵合一。

　　一（3）班和五（5）班的教学实践，坚定了我要把吟诵带给孩子们的想法。原来总觉得自己对吟诵所知尚浅，等懂得多一些了再带孩子们吟起来。现在发觉，孩子们是喜欢吟诵的，关键是，教师要把吟诵带到他们身边。播下种子，自会发芽、开花。相信孩子们，相信美好事物的生命力。

　　一年级与五年级学吟诵相对比，五年级孩子受朗读的束缚，受流行歌曲的影响更多，更难以挣破朗读的壳。五年级的孩子们，一直到课的结束，"山"字的吟诵仍然是拉平的，没有办法婉转起来。

　　一年级的孩子如海绵般吸纳吟诵的能力是五年级同学所不及的。正如大师苏霍姆林斯基关于阅读的发现，越是高年级的孩子，要培养其阅读习惯便越难。所以对于吟诵这种古老的读书方法，高年级的孩子也宜从最简单的诗歌吟诵开始，再逐渐上行。

与物俱化的大孤独

五(5)班的第四节课,师生互相问好后,有几个孩子眼神涣散,疲倦。

今天的课上,我们先来吟诵,让孩子的注意力集中起来。

跟着录音学吟三遍。大部分的孩子已经对调子熟悉了。在投入地用手画平仄的同时,孩子们的声音渐渐大起来。录音的声音尽管已经调到最大,但完全淹没在孩子们忘情的吟诵中了。

最后一句,"只有敬亭——山——"。"山"字仍吟得太平直,不够婉转。我让孩子们安静地倾听,边听边做动作。两遍倾听之中,有孩子在轻声地跟吟。我能够感觉到,即使没有出声的孩子,心里也憋着一股想吟出来的劲儿。

听吟之后,孩子们尝试着用两只手做动作。齐声的吟诵中,"山"婉转地出来了,孩子们忍不住为自己鼓起掌来。

跟录音学吟之后,我和孩子们一起吟诵三遍,然后让他们自己吟。郁龙悄悄跟我说,跟大家吟的时候,"山"字他也能曲里拐弯地出来,可当自己吟的时候,就不知道怎么吟了。我带着他吟了一遍。

女生站起来吟诵,舒缓的节奏里,清亮的声音让我沉醉。男生的吟诵,平声的延宕,入声的轻短,在有些变声的嗓音里,每个字都找到了自己的韵律。

我问孩子们:"你们在吟诵时感受到了什么?"一多认为:

"诗人注视着敬亭山,他的灵魂得到了安慰。"川容说:"虽然有敬亭山陪伴,但诗人还是觉得很孤单。"迪航和泓屹都觉得诗人很孤单。泽宇也说,当他把"飞"和"闲"拖长的时候,就感觉到朋友离开以后的寂寞。

孩子在声音里感受到的是诗人的孤独与寂寞。

鸟飞云去,唯敬亭山与诗人不离不弃。在声音里,童心触摸到了诗人内心中的大孤独——山中独坐,与物俱化的大孤独。作于天宝十二载(753年)的《独坐敬亭山》,是李白离开长安多年之后的诗作。此时的诗人,流浪在外,狂放飞扬的长安生活已成烟云。

俞陛云在《诗境浅说》中写道:"前二句以云鸟为喻,言众人皆高取功名,而己独翛然自远。后二句以山为喻,言世既与我相遗,惟敬亭山色,我不厌看,山亦爱我。夫青山漠漠无情,焉知憎爱,而言不厌我,乃太白愤世之深,愿遗世独立,索知音于无情之物也。"

而现在,我只想看孩子们慢慢地舞,听他们慢慢地吟,这样深刻的体悟,交给如水的年华吧。

吟诵结束,打开《日有所诵》,朗读《从百草园到三味书屋》(节选)。

叶圣陶先生曾说,要测一个孩子的语感如何,只需给了一篇陌生的文字让他朗读便可知晓。

第一遍齐读,除了"菜畦"和"皂荚"两处,因为对"畦"和"荚"的字音不肯定,稍有迟疑之外,其余各句均很流畅。

油蛉在这里低唱,蟋蟀们在这里弹琴。翻开断砖来,有时会遇见蜈蚣;还有斑蝥,倘若用手指按住它的脊梁,便会拍的一声,从后窍喷出一阵烟雾。

这是住在高楼里的孩子可望而不可即的丰富童年——一个充满机会与时间与大自然相伴的童年。百草园是童年鲁迅的乐土。大自然才是孩子最理想的玩耍环境。"处于大自然中的时间是有恢复力的，它会帮助我们从每日生活的压力中恢复，并改善我们专注的能力。"(《简单父母经》)现代生活让孩子的感官界限日益缩小，甚至小到只需要眼睛去看如电脑、电视屏幕大小的地步。

一朝飒已衰

天宝十三载（754年）秋，已离开长安十年的李白，秋游秋浦，写下《秋浦歌十七首》。

十年，江南江北，他都走到了。潦倒流离，漫无定迹，漂泊无依。

这一首诗，是《秋浦歌十七首（其十五）》。

《秋浦歌十七首（其十五）》
（唐）李白

白发三千丈，
缘愁似个长。
不知明镜里，
何处得秋霜？

不是春风春鸟、秋月秋蝉，也不是夏云暑雨、冬月祈寒，而是这"三千丈"的"白发"，引发了诗人无限的悲慨。比"飞流直下三千尺"的瀑布还长的白发，让曾经英气勃勃、狂放不羁的诗人惊讶,乃至于哽咽。句首同为入声的"白发"二字,传达的便是这种感觉。

二连平的"三千",拉长的声调里,光阴的画卷在缓缓展开。天宝元年(742年)奉诏入京,"仰天大笑出门去",踌躇满志入长安。"天子呼来不上船,自称臣是酒中仙",被贺知章叹为谪仙人的李白,玄宗御手调羹,力士为他脱靴,贵妃为他捧砚。而现在,却只能"空吟白石烂,泪满黑貂裘",流落吴楚的诗人,在失意困窘里忆起过去种种不遇之事,觉得自己好比那"黑貂之裘敝"失意东归的苏秦,却再也不会像吟唱着"白石烂"的宁戚那样得到君王的赏识了,更无法实现"济苍生""安社稷"的抱负了。愁思无穷,年命有限,而岁月如流,这真是惊心动魄的一件事情。句首的两个入声字"白发"与二连平的"三千",让漫漫白发铺满人视野的同时,"愁"也铺天盖地,汹涌而来。无尽的白发,无边的愁,"缘愁——似个长——"。

"不知——明镜里",低迴不已的揽镜自问。"何处得秋——霜——"。短促有力的入声字"得",是诗人对命运、对苍天的叩问。"秋霜"的冰冷与萧瑟,在拉长的声调里,痛到心的深处。"志不可得,而年命如流"。空有美好的才学,空有美好的理想,就这样衰老了。这是生命落空的悲哀。

陈子昂说:"迟迟白日晚,袅袅秋风生。岁华尽摇落,芳意竟何成?"

屈原说:"日月忽其不淹兮,春与秋其代序。惟草木之零落兮,恐美人之迟暮。"

而李白,在似乎看不到星月的黯淡岁月里,也要用开口度很大的"阳"韵,来抒写自己巨人的愤懑与痛苦。这是诗人以一颗不服输的心灵,在向命运、向苍天抗争,这是"我本楚狂人"的李白表达痛苦的独特方式。

"两鬓入秋浦,一朝飒已衰。"在如"三千丈"长、"三千丈"深的痛苦里,诗人想家了——

"何年是归日,雨泪下孤舟"。

走上古老韵律之桥

《秋浦歌十七首（其十五）》，先诵后吟，意在通过诵，让一年级的孩子扫清生字的障碍。

"秋浦歌（其十五），唐，李白（bó）"，诵的声音刚一出来，孩子们就笑成了一团。何处得"秋——霜——"，几个顽皮的男孩边笑边模仿。靠窗的小萌，安静地倾听，看着小黑板上的平仄符号，手势打得开开的。大部分孩子的手势显得颇为拘谨。手势难以打开，势必影响到接下来的出声吟诵。在吟诵的最初阶段，我们需要借助手上的动作，带出我们的声音。

"诗人的头发有三千丈长啊，白发三千——丈——"有孩子啧啧感叹着，孩子们的手势在逐渐打开。"他的忧愁也像这白发一样长啊，缘愁——似个长——"。沐蓉和同桌的手前后分开，这样两个人都有了拉长的空间了。"诗人问镜中的自己，为什么会有这么长的白发。秋霜，秋天的霜，白色的秋霜就像诗人长长的白发。"长长的白发，长长的"秋——霜——"，孩子们的手臂打开到几乎成了一条直线。诗意的领会，让不识愁滋味的孩子，好像在这动作里触到了诗人长长的忧愁。

诵了几遍之后，我们开始学吟。徐老师吟诵的调子是缓慢的，悠长的。动作打开了，孩子们就不会任朗读的惯性拉着他们急火火地往前赶了。"白发三千——丈——"，手势帮助孩子吟出像唱京剧般拉长的"丈"字。"缘愁——似个长——"，"愁"和"长"

的延宕，到"似个"两个仄声字的轻短慨叹，孩子们的手势从打开到短暂的停歇，之后再次展臂吟出"长——"字。"不知——明镜里"，第三句只有一个平声字"知"，孩子们的手势只是稍稍打开，这是照镜自问时的沉默。"何处得秋——霜——"，两个拉长的平声字里，让孩子们的手势打到最开的状态。对于仍处于"图像意识"阶段的孩子来说，动作的辅助作用，让他们感受到白发之长，愁绪之长。

"三千丈"的夸张，"愁"的"长"，"秋——霜——"的感慨，在教室里慢慢蔓延。一年级的孩子学习吟诵，更需要教师的带动。动作和韵律，把教室里的人——所有的孩子和教师，融为一个紧密联系的整体。宁静，渐渐降临在教室中。

吟诵之后，朗读《日有所诵》中的民间童谣《屋里点盏灯》。

> 屋里点盏灯，
> 灯旁是个坑，
> 坑里打根钉，
> 钉上拴只鹰。
> 忽然刮暴风——
> 刮灭了灯，
> 刮平了坑，
> 刮掉了钉，
> 刮飞了鹰。

屋里有灯，灯旁是坑，坑里打钉，钉上拴鹰，一切都是有序的，"顶针"最能给孩子带来安全感、归属感，帮助孩子确立万事万物在世界各有其位的印象。带读、齐读之后，女孩读，男孩拍手打节奏；男孩读，女孩拍手打节奏。抽象记忆还很弱的一年级孩子，喜欢语言中的重复与押韵形成的韵律。传统的童谣掌握了这个秘诀。韵律记忆不会引起孩子的疲乏感,他们在一遍又一遍的拍手朗读中,兴致勃勃。不到 10 分钟,孩子们就能把整首童谣背下来了。

接着,我准备给孩子们讲《二月二的故事》。

今天,曾经处在恒在交流状态的人与自然的对话,逐渐阻塞。传统的节日在日益淡出孩子们的视野,孩子与自然、宇宙逐渐疏离,也与生活的韵律疏离。给孩子们讲述《二月二的故事》,是期待他们能保持对古老时间的一种敏感,并在这敏感中把过多逗留在荧屏上的目光移开,投向大自然,投向植物和动物身上,感受大自然的变化和挖掘大自然中的美。

《二月二的故事》封面,绿色为主色调的边框里,脸蛋红红的小姑娘胖乎乎的小手朝上,从天而降的珍贵雨滴,落在她的掌心。二月二,二月二与雨滴的关联,这对城市的孩子来说,多么陌生。

前环衬,锅里正炒黄黄的豆子。"老鼠老鼠二月二,支起大锅炒豆粒,龙抬头日吃豆子,嘎嘣嘎嘣真带劲。"二月二吃豆子,这可能连孩子们的爸爸妈妈都已经淡忘了吧。

"从前,黄河边有一座龙斧山,山上有座龙王庙。山下住着小伙子强娃,他既勤劳又勇敢。"这是中国故事的开头。

有一个孩子嚷着:"老师,你遮住我了。"我离显示屏远一些,继续讲述。

左页,孩子哭号,白发的老人与妇女向苍天求雨,跪拜;右页,强娃浓眉紧锁,思考如何取水救大众。对比,让强娃的形象骤然成熟与高大起来。

坚强与隐忍总能感动天。"二月初一这天,强娃一镢头下来,金光四射",天上飞下的石头蛋蛋呼啦啦变成白鸽,跌落在地的白鸽又变成了一个老公公。老公公告诉强娃和莹花,去龙斧山找劈山斧。

龙王庙里,强娃看到了铁架上足有千斤重的大斧头。

我问孩子们:"强娃扛得起它吗?"

孩子们一个劲地点头。在孩子们的眼里,强娃已成英雄。

"他拿过斧头,扛在肩上。奇怪!真轻!"

让一切所向披靡的,是强娃的勇气。

二月二,强娃用劈山斧劈开了潭底的硬盖,清泉从潭底冒出来,青龙从潭水里抬起头来,"豆大的雨点,噼里啪啦"直落下来,干旱的土地和枯萎的树木,终于喝足了雨水。

孩子们拍着手齐念最后一页的儿歌:"二月二,龙抬头,人不害病地丰收。"

吟诵古诗、朗读童谣,如无声的牵引,带我们走上古老的韵律之桥。

让孩子回到写诗的现场

一（3）班吟诵课，从第一节课开始，一年级的五位语文老师和吴建纯、周三艳老师便在后面听课。五（5）班的吟诵课，听课的老师也多起来。在"隔墙"听了"好好听啊"的吟诵之后，五年级的语文老师都来听课了。

有班主任坐在前面听课，孩子们的目光不知有多专注。

吟诵之前，给孩子们述说了李白在长安的飞扬三年——御手调羹、力士脱靴、贵妃捧砚，述说了李白写《秋浦歌十七首》时的境况——漫游江南江北，困窘流离，无所依托。

朱光潜在《诗论》中说："诗既用语言，就不能不保留语言的特性，就不能离开意义而去专讲声音。"背景的阐述，让孩子回到写诗的现场，让他们更快地进入诗歌。

诗意对五年级的孩子来说浅白易懂，简单地给孩子们点了一下，秋霜喻指白发。没有诵，直接听吟。五年级的孩子跟一年级的孩子一样，动作难以打开。我提醒他们边做动作，边用心体味吟诵中所表达出来的情感。

用心听，就会发现吟诵时每句诗都是声断气不断，每句中每个字中间没有停顿，都是绵绵地接到下一个字。即便是入声字"白发""不"和仄声字，也没有其他诗中的明显的轻短、顿挫。整首诗的调子的缓慢，让入声字与仄声字也裹入了绵长的愁中。这是谪仙人李白"坠入"凡尘、揽镜自照那一刻的真实写照，虽仍有凡人所不及的想象，但终究是难逃普通人对生命流逝却奈何不能把握的悲哀。

揽镜自照的一刹那，诗人灌注了生命给诗。这一刹那的愁情，超越时间，从终古流到了这间小教室。

"白发三千——丈——"，仿佛没有尽头的"丈"字，让孩子们的手不断展开。"缘愁——似个长——"，这一句低沉到童声没有办法吟出来。一年级的孩子吟这一句时，自动提高八度，但这些可爱的五年级的孩子，老老实实地模仿，努力循着声调吟出来，"缘"字因为压低，变成了"冤"的音。"不知——明镜里"，这是整首吟诵中最近于现代歌曲意味的一句，奇怪的是，这也是孩子们屡屡跑调的一句。吟到"里"字时，怎么吟也不对。是不是由一、二句似京剧唱法般的吟诵，切换到这类似于现代歌曲的吟诵旋律时，孩子们有困难？让他们单独学吟这一句。我先吟一遍，几个兴致高的孩子忍不住跟着一起吟。吟到"里"字时，我差点儿被他们拉得走调。齐吟一遍。吟到"里"字时，还是有些不对劲。再来。让孩子们跟着吟一、二、四句，第三句不吟，只听，特别提醒他们要注意听"里"字的旋律。如此多遍之后，仍然卡在"里"字里。

不再执着，今天就吟到这里吧。老是执着在这个字上，是放大缺点与挫折的做法。面对某些似乎暂时难以逾越的障碍，最好的办法是把它放在一边。相信时间，相信孩子。下一次课再吟吧。再说，吟诵也是自娱自乐嘛，跑跑调又有什么关系。

不忍心

我提着小黑板进入一（3）班，把吟诵的光碟放入电脑，准备调试声音。子扬蹭到我身边，小声地说："朱老师，我还不会吟《秋浦歌》。"我摸摸他的头："今天我们还吟《秋浦歌》。"小家伙蹦跳着走开了。

铃声响了，孩子们陆陆续续进入教室，看到小黑板上的《秋浦歌》，人还没坐下，嘴里早吟诵开了，夹杂着班干部的"铃声停，教室静"，教室里更添了一分嘈杂。

好不容易安静下来。

跟录音学吟《秋浦歌》。吟诵完一遍，我把铭翔的名字写在黑板上，在前面画了个红色的大星星。"铭翔听得最认真，吟得最投入，手臂也抬起来了。"靠窗的第一个男孩停下玩衣服带子的手，把手臂抬起来，做好准备吟诵的姿势。

每学吟一遍，我就给小组或个人加星星，越来越多的孩子的名字出现在黑板上。名字渐渐加长的过程，孩子们的状态也越来越好。

吟诵十来分钟，孩子们渐入佳境。

但这种"燃烧"的状态到 15 分钟左右便无法持续，孩子们的眼神和手势都显得有些疲倦。投入的吟诵，是体力的支出，手臂渐觉酸痛，动作也变得软软的。

十遍、二十遍的吟诵之后，完全不知愁为何物的孩子们，也被诗人的情绪传染。他们可能说不出，但却可以感受得到。吟诵的次数越多，诗简短的语言中所蕴含的没有说出来的意思、韵味慢慢往孩子们的心里渗。看着孩子们吟诵的一刹那，我突然悟到，只有让孩子感到诗歌与自己息息相关，才能真正唤醒这些古老的文字。

不忍心让小小的、天真的孩子，被这"愁"这"苦"笼罩，在他们稍稍显出疲累的时候，我们结束了吟诵。

朗读《日有所诵》中的《公鸡生蛋》。孩子们翻开书，七嘴八舌地读开了。如果孩子们对学习永远充满这样的新鲜与好奇，该有多好。

享受了文字的滋味后，他们自然就安静下来了。

"天暗暗，地暗暗，公鸡站在大门口：喔喔喔，我要生蛋！喔喔喔，我要生蛋！喔喔喔，我要生个好蛋蛋！"叫嚷着，向全世界高调地宣称着的，是公鸡，也是孩子。

下一节仅变动了几个字，但其中蕴含了更多夸张炫耀中的极度自豪。"天亮亮，地亮亮，公鸡跳到屋顶上：喔喔喔，出来了！喔喔喔，出来了！喔喔喔，真的出来了！我生了一个好大好大的金鸡蛋！"

朗读与吟诵的交替，让孩子们的情绪得以调和。

最后朗读《朗读手册Ⅱ》中的第一篇——《古尼狼》。

《古尼狼》与《小红帽》有许多共同点，也有许多不同点，是最原始的"不许离开村庄的故事"的另一个版本。

从前，有一个小女孩，她和妈妈一起住在茂密的丛林边。每天，妈妈都提醒小女孩要小心，不要到丛林里去，因为一旦进了丛林，古尼狼就会吃掉她。小女孩总是保证，说她绝对、绝对不会靠近丛林一步。

从小女孩采丛林边的小白花开始，在第一段的暗示下，孩子们仿佛看到了接下来的故事画面，教室里的空气紧张起来。随着小女孩被粉色花、黄色花吸引走向丛林深处，孩子们觉得古尼狼离自己越来越近了。蕊蕊靠近自己的同桌，小男孩骑士般地搂住她的肩。正是两小无猜的年龄啊！

古尼狼终于出现了。

"古尼狼说：'那你再唱唱那首甜甜的歌吧！'"

老古尼狼在小女孩的"滴答答，答滴答，啦啦啦，啦啦啦"的歌声里，竟然"很快就睡着了"。小女孩撒腿就跑，女生用快到不能再快的速度读着黑板上的板书："啪嗒，啪嗒，啪嗒，啪嗒，啪嗒，啪嗒"，恨不能让小女孩一步就跨出丛林。

"古尼狼被惊醒了！他也跟着跑起来。"我指着黑板上的下一行板书，男孩们大声读着："嗖嗖嗖，嗖嗖嗖，嗖嗖嗖——"，仿佛离弦的箭。

"眼看就要抓住小女孩了"，孩子们的心都提到嗓子眼了，"古尼狼说：'那你再唱唱那首甜甜的歌吧！'"孩子们的神情舒缓了，有几个孩子被这只爱听歌"不务正业"的狼给逗笑了。古尼狼自然又在小女孩的歌声里睡着了。

如此，反复三次之后，"小女孩又开始跑起来"。紧接我的朗读，女孩们念出"啪嗒，啪嗒，啪嗒，啪嗒，啪嗒，啪嗒"，嘴快得像打机关枪。"啪"字已被快到忽略了，只听到一片"嗒嗒"声。"一直跑出了丛林！""啪嗒，啪嗒，啪嗒，啪嗒，啪嗒，啪嗒"，孩子们的"嗒嗒"声欢快起来，连男孩子也加入进来一起读了。"一直跑到了家门口"。孩子们如释重负。

孩子们与小女孩一起，跑到了家门口，回到了自己的家。从逐渐向丛林深处迈进的紧张，到回到家中的放松，随着小女孩"啪嗒""啪嗒"地逃离森林，孩子们也经历了一次心灵的历练。

古尼狼有别于我们印象中的狼。它不狡诈，不凶残，有些傻傻的可爱。如何看待这只有些荒诞的狼？苏珊·佩罗认为，"成人一定要注意，不要过于严肃地看待那些具有荒诞色彩的儿童故事，它们呼应着孩子心中正在萌芽的幽默感"。因为古尼狼的"特别"，整个故事没有太多的惊险与抗争，而情节的一再重复，让"紧张"进一步消解、平复。

给一年级的孩子听的故事，应是美好的，不受严酷现实侵扰的故事。

就像泰戈尔所写的那样，"狂风暴雨飘游在无辙迹的天空上，航船沉碎在无辙迹的海水里，死正在外面活动，孩子们却在游戏"。

不忍心让狂风暴雨伤到他们，不忍心让这些纯净的孩子太早看到世界的另一面。

且让他们尽可能长久地"在沙滩上玩耍"，享受世界的美好与安全。

终究只是过客

逢雪宿芙蓉山主人

（唐）刘长卿

```
 ·    |    -    —    |
 日   暮   苍   山   远，
 —    —    ·    ·    —
 天   寒   白   屋   贫。
 —    —    —    -    |
 柴   门   闻   犬   吠，
 —    ·    |    —    —
 风   雪   夜   归   人。
```

这是"五言长城"刘长卿的《逢雪宿芙蓉山主人》。

"日暮苍山——远"。暮色四合，旅途劳顿。开篇的入声"日"和仄声"暮"，像是诗人的一声叹息。二连平的"苍山"，传出路途的"远"，传出山的遥不可及。此诗第一句，便将人拉到悲凉的境界之中——暮色渐沉，山路崎岖蜿蜒似看不到尽头，找不到归宿的诗人倍觉黯然。

"天寒——白屋贫——"。"天寒——"，连平，叠韵，寒气散满天地间。"天寒"更觉"苍山远"，"天寒"更觉"白屋贫"。寒气袭人的黄昏，在山路上踽踽而行的诗人，能见到的只有贫寒的茅屋，在苍山的衬托下愈显其小，在严寒的包围下愈显其简陋的茅屋。

"柴门——闻犬吠"。"日暮苍山——远"，是看不到归宿的悲凉；"天寒——白屋贫"，"白屋"虽贫，但终究有星星点点的希望在寒气笼罩的苍山间闪烁。第三句句首的"柴门"，第二声的两个连平的字，让人的情绪在沮丧之后有一个温暖的上扬。"柴门"出现，说明苍山再远，已在脚下；"天"再"寒"，已不惧。柴门已至，意味着已经有了归宿之处。柴门边的远客引来声声犬吠。"犬吠"两个仄声的轻快，带来人的气息，带来生机与活力。"犬吠"之后的情景，在乡村生活过的人会用自己的生活经验将诗人省略的画面补上："犬吠"必会让"白屋"内的主人点燃如豆的灯光，披衣起床，开门，看看是谁已至"柴门"。犬吠的热闹，灯光的温暖，人声的热情呼应，让走过远远苍山，置身于天寒地冻中的诗人心生暖意。

"风雪夜归——人——"。"归"字，透出回家的归属与安全。"归——人——"，两个拉长的平声字，让人在入声的"雪"与仄声的"夜"之后复归平静，仿佛船至港湾。

这首诗写于诗人贬谪之时。

"刚而犯上，两遭贬谪"。从身居高位到偏安一隅的巨大落差，让向往着"荷笠带斜阳，青山独归远"这样潇洒出尘人生的诗人，让曾经闲适、淡泊的诗人，也难免有一腔抑郁不平之气。

"泠泠七弦上，静听松风寒。古调虽自爱，今人多不弹。"伯牙高山之调，悠悠今古，赏音能有几人？七弦古调，弹者无人。仕途的失意，宦游的凄凉，扑面而来。"寂寂江山摇落处，怜君何事到天涯。"放逐天涯，沉沦坎坷，"怜君"，实是自怜。

有怀抱而落空，毕竟难免悲凉。《逢雪宿芙蓉山主人》透出的便是贬谪中的悲凉。

细品最后一句，觉得"归——人——"所带来的温馨，只是巨大悲凉中的微光。从"暮"至"夜"，黑暗渐将一切吞噬，呼啸的"风"，冰凉的"雪"，让诗人在"苍山"行走的疲乏中更添凄凉。抵达柴门时的倦怠顿消，犬吠时的热闹，风雪夜宿时的温暖，只是一瞬的感受，夜的黑与雪的冷，迅速覆盖了这微光星火般的温馨。贬谪的痛，怀抱落空的难平之气，在"en"韵中透出，充塞于这雪夜之中。

　　"柴门闻犬吠，风雪夜归人。""白屋"也好，"柴门"也罢，毕竟只是风雪中的暂歇之处，漂泊中的栖身之所。严寒中的温馨如微光。

　　终究只是无根的过客。终究难掩悲凉。

音与义携手

今天第二节课，教一（3）班的孩子吟诵《逢雪宿芙蓉山主人》。这首诗中，孩子们不认识的字比较多，我带着孩子们依据平仄符号边做动作边诵。我诵一句，孩子们跟着诵一句，一句一句地给孩子们疏通诗意。

三遍听吟之后，开始学吟。在教师把吟诵带给孩子的同时，孩子的吟诵也在滋养教师。跟着孩子们反复学吟，常常让我对诗有更多的感受。

"日暮苍山——远"。"日暮"更觉"苍山远"，这是意义上的理解；吟诵时，"日暮"的轻短，更衬出"苍山"的绵长，这是声音上的感觉。

"天寒——白屋贫——"。"白"与"贫"写出了茅屋的简陋。吟诵之时，夹在"寒""贫"两个平声中的入声字"白屋"，更衬出了白屋的萧条、荒寒。

"柴门——闻犬吠"。上扬的声调里有历尽艰辛与严寒后找到安歇之处的欣慰。

"风雪夜归——人——"。入声的"雪"，仄声的"夜"与拖长的"归人"形成对比，在如归的氛围中，雪夜的黑暗与冰冷在渐渐远去。

孤立的单音节汉字，因为平仄而有了抑扬，声音的曲折随情感而起伏。音与义携手，让孩子走进了诗人孤独劳顿的情感世界。

"情动于中而形于言"，诗歌是诗人情感的自然流露。吟诵时，语言的节奏与诗歌内在的情感节奏相契合，不仅激起了孩子内心的情感，也让孩子与诗人的情感产生了共鸣。

惠周惕说："《风》《雅》《颂》以音别。"而汉魏《乐府》中的《清商曲辞》《新曲歌辞》也是以音乐来命诗名。古诗中的平仄、押韵、格律，是诗人在文字身上做音乐的功夫。依平长仄短吟诵时，诗的音乐性便凸显出来。当孩子们边吟边做动作，诗歌、音乐与舞蹈混合在一起，让三者融合的是节奏——中国诗歌平长仄短的节奏。心、眼、口、耳并用，加上身体的律动，让孩子对诗"不仅是理智地理解了，而且亲切地体会了"。诗歌的学习由此成为一种享受，而不是一种负担。

开始吟诵教学实践的时间虽然只有几周，但是我能够强烈地感觉到孩子对于吟诵的热爱。作为教师，在把吟诵带给儿童的同时，我在思考，是什么在吸引着儿童亲近吟诵，吟诵对于儿童的生命成长、儿童的母语学习又有着怎样的意义。

我不怕

朗读《日有所诵》中的《大狗来了我不怕》。

还是像往常一样,书一翻开,孩子们就自顾自地朗读起来。等他们七嘴八舌过足了"瘾"之后,大家齐读。

大狗来了我不怕,我给老狼打电话。
老狼来了我不怕,我给老虎打电话。
老虎来了我不怕,我给驯兽师打电话。
驯兽师来了我不怕,因为他是我爸爸。

这是从孩子的心底囔出来的文字。"我不怕",是初生牛犊的宣言和呐喊。从大狗到老狼,再到老虎,越来越凶猛的动物,掀起的却是孩子越来越骄傲、欣喜的体验。朗读到最后一句,孩子们牛气冲天。像山一样高大的爸爸,是年幼的孩子最安全的依靠,儿歌适时地满足了孩子这样的体验。读到第二遍、第三遍,熟悉得就像是自己创作出来的,孩子们越读越起劲儿。享受着儿歌的孩子,明媚如窗外的阳光。

适合儿童的文字,不需要教师使用多少技巧,儿童自会敞开心灵,全然吸纳。而这吸纳,是快乐的、愉悦的,是来自心灵深处的。

亲切地体会

在最初接触吟诵的时候,五年级的孩子比一年级的孩子受朗读的束缚,受流行歌曲的影响更多,更难以挣破朗读的壳。但几次课之后,当这层壳逐渐挣破,语言积累更丰富、感悟更强、阅历更多的五年级的孩子们,学习吟诵的优势逐渐显现出来了。

叶嘉莹先生说:"中国古典诗词是以兴发感动的作用为诗歌美感之主要特质的,而这种美感的由来则与中国吟诵的传统有着密切的关系。"吟诵具有怎样的"兴发感动"的作用,在今天五年级的课上,我想试一试。

完全没有疏通诗意。三遍听吟之后,我请孩子们说一说听《逢雪宿芙蓉山主人》的感受。

迪航:这首诗给我很凄凉的感觉。"苍山——",让我觉得山路特别长,诗人都有些走不动了。

思敏:当"寒"字拉长的时候,我好像看到诗人嘴里哈出的白气。

泽宇:"白屋贫——",让我觉得这间屋子特别贫寒,特别简陋。

一多:最开始诗人是茫然的、无助的,"白屋"的出现就像雪中送炭。

星锐:狗的叫声,让诗人感觉自己好像回家了。

叶嘉莹先生说："兴发感动的能力，简单说，就是一种产生联想的能力。"除了文字的意思容易理解之外，孩子们生发出的隐含在字面背后的意义，来自吟诵的助力。

"闻犬吠"与"听狗叫"的比较，让孩子们在笑声中感受"犬吠"的亲切、热闹。

学吟。从第二句到第三句之间，有较以往的诗句稍长一些的间歇，孩子们往往耐不住这多停留的一点时间，急火火地开始吟"柴门——闻犬吠"。"吠"字与第四句句首的"风"字之间，有一个修饰的音把它们连缀起来了，让孩子们仔细听，别断开了。

反复学吟。一遍比一遍读来入调，一遍比一遍亲切。反复的过程，不是负担，而是享受，并不求成诵，但自然熟极而流。

心、眼、口、耳，加上身体的律动，让孩子们对吟诵不仅"理智地理解"了，也"亲切地体会"了。亲切地体会了，对语言的感觉自然出来了。

燕子在头上飞翔

绝 句

（唐）杜甫

－ · － － ｜
迟 日 江 山 丽，

－ － － ｜ －
春 风 花 草 香。

－ － － ｜ ｜
泥 融 飞 燕 子，

－ ｜ ｜ － －
沙 暖 睡 鸳 鸯。

"三年奔走空皮骨"，在梓州、阆州三年的流离奔波之后，瘦得只剩下皮包骨头的诗人复归草堂，生活得到了暂时的安定。此诗为杜甫复归草堂之作。

四句诗，一句一景。迟日、江山、春风、花草、飞燕子、睡鸳鸯，极富图画意义的诗。

"迟日江山——丽"，从大处着笔。春日迟迟，江山如画，阳光笼罩下的秀丽江山，让人心胸为之开阔、舒畅。

"春风——花草香——",自细处体味。诉诸触觉的风的轻拂,诉诸视觉的花的多彩和草的嫩绿,诉诸嗅觉的暗香,让春的暖流遍全身。

"泥融——飞燕子"。春雨滋润,泥土松软,燕子衔泥筑巢忙。燕子的自在,让羁绊重重的诗人心生向往。

"沙暖睡鸳——鸯——"。日丽,水暖,沙温,鸳鸯安睡。繁忙的飞燕,闲适的鸳鸯,"现世安稳,岁月静好"。"飞燕子"与"睡鸳鸯",一动一静,动得轻盈,静得安逸。呢呢喃喃的燕子,缠缠绵绵的鸳鸯,让寄居的诗人如何不发出对家的呼唤:"今春看又过,何日是归年"(《绝句·其二》)。"此生那老蜀,不死会归秦"(《奉送严公十韵入朝》)。杜甫说:我怎么甘心在他乡终老,只要有一口气在,我一定要回到自己的家乡。

但是,遍尝人间冷暖、饱经世态炎凉的诗人,在这草堂的景色里,且忘了战争与叛乱,且忘了漂泊与流离,且忘了沧桑与落寞。

且醉在这盎然的春意里,且舒展在这明朗开阔的"阳"韵中。

早上在食堂门口碰到子扬,他提醒我:"朱老师,今天第一节是你的课。"带着一丝内疚,我对他点点头,子扬满心欢喜地向教室走去。已经是第二次因为繁杂的事务把课进行调整了,孩子们在每周二第二节课的期盼,已形成的节奏,因这调整而被打乱。

上第一节课真是一种"福利",一年级的孩子在这个早晨的时光里,有难得的沉静。一年级的吟诵教学,仍然是要在吟诵的过程中不断鼓励。我的鼓励尽量地传递给全班孩子,而不是个别的孩子。这种融在集体的安全与温暖的感觉,让孩子更愉悦地进入吟诵之中。

诵三遍。"春风——"拉长时，无须多言，风便缓缓地拂过我们的脸颊。"花草香——"，"香"的延宕，唤起我们对花香、草香的记忆。"春风——花草香——"，除了仄声的"草"字，其余全是阴平的这一句，诵起来好舒服。

珺婷说，"我觉得燕子在我头上飞"。这是在给孩子们简单地讲诗的意思时，珺婷插嘴说的一句话。"燕子"，短促，跳跃，当我们诵时，真如燕子轻盈地飞翔。吟诵，是我们找到汉语声调秘密的钥匙。

"鸳——鸯——"，悠然的、慵懒的鸳鸯，世界因相依相偎而更美的鸳鸯。对一年级的孩子来说，他们知道的只是，鸳鸯是鸟，雄雌双双出没的一种鸟，足矣。缱绻与缠绵的感觉，且待生命的成长。

仅有一个入声字的这首诗，读来流畅，当动作打开时，有拥抱春天的感觉。

在春天的早晨，吟诵这首诗，多么适宜。

将军夜引弓

一

《独坐敬亭山》《秋浦歌》《逢雪宿芙蓉山主人》《绝句（其一）》，我们跟徐老师学吟。卢纶的《塞下曲》，选的是诵。对这首诗而言，原味的诵比有旋律的吟更显诗的神韵。特别是韵字"弓"和"中"，诵时，让人感到扑面而来的边塞之风，英雄之气。

4月10日，一（3）班，我与孩子们一起学诵《塞下曲》。

上周五在橘子洲头，青年毛泽东雕像下入队的孩子们，精神抖擞。"将军——夜引弓——"，双臂张开的孩子们豪情满怀。

让孩子们说说这是一个怎样的将军，"厉害""骄傲""神气""威武"，这是孩子们自诵中联想到的将军形象。"平明寻白羽，没在石棱中"，入石三分的箭，让几个孩子张大嘴巴，半天没合拢。子仪用手比画着，脸上是难以置信的表情。

应该说，诵比吟要容易。在突降的大雨中，不用跟碟，自己独立诵诗的孩子们，有满满的成功的感觉。

二

4月11日，给五（5）班上课。对于他们的吟诵，我总是充满期待。孩子们没有让我的期待落空，在吟诵之中常让我有意外的惊喜。

好几个孩子读过飞将军李广射石的故事，泓屹把这个戏剧性的故事给大家讲述了一遍。我把原文朗读给孩子们听："广出猎，见草中石，以为虎而射之，中石没镞。视之，石也。因复更射之，终不能复入石矣。"

故事和文字的引入，是吟诵之前的铺垫。

听吟，学吟，然后交流。

师：昏暗的树林，有疾风吹过。身处多虎的丛林里，暮色渐渐将人吞噬。

（生齐诵"林暗草惊——风——"。）

思麦：我感觉毛骨悚然。拉长的"惊"字，表达的就是这样一种感觉吧。

师：你们试着诵一诵"将军——"。

泽宇："将军——"，给我顶天立地的感觉。

安然：诵"林暗草惊——风——"的时候，我心里有些毛毛的；但诵到"将军——"的时候，我感觉特别踏实。

师："将军——夜引弓——"，在拉长的"弓"字里，你仿佛看到了什么？

川容：将军在慢慢地开弓射箭。

云峰：他很用劲。

楷儒：将军很从容、很镇定地搭弓射箭，一点都不慌张。

看云认为，"平明——寻白羽"的后两个字和"没入石棱——中——"的前三个字，这五个仄声字，"当它们连成一气时，'神箭'的力量和速度就出来了"。让孩子们反复诵这两句，感受"没石饮羽"的奇迹。

屋外隆隆的雷声如战鼓。雄浑的《塞下曲》，让孩子们放出一腔英雄气，豪迈情。

卢纶的《塞下曲》共六首，《我爱吟诵》中所选的，是这组诗的第二首。

塞下曲
（唐）卢纶

－ ｜ ｜ － －
林　暗　草　惊　风，
－ － ｜ －
将　军　夜　引　弓。
－ － － ｜
平　明　寻　白　羽，
· ｜ · － －
没　在　石　棱　中。

首句，不言虎而如有虎在。天色已晚，深林幽暗，"林暗"让人于紧张中生警惕。第三声的"草"在"惊""风"两个平声字的衬托下凸显出来，令"草"动的是风，或是虎？林的暗，草与风的动，带来紧张异常的"惊"心氛围。这是"广出猎，见草中石，以为虎而射之"所不能带来的心理上的感觉。

第二句，吟诵比朗读更能让人感受到将军的从容。"将军——"齿音，连平，让人生出一股浩然之气。"弓"字的"ong"韵中，将军搭箭开弓的气势，喷涌而出。黑夜和风所带来的惊心，在将军射箭的动作中远去。

第三句，叠韵、连平的"平明——"，让人的心舒缓下来，暗夜转至清晨,一切的危险都已远去。入声的"白"字,强调箭杆尾部的白色羽毛,更为第四句"没在石棱中"的戏剧性变化埋下伏笔。

第四句的"没"和"石"为入声字。"吟诵建议"中写道:"入声实际上是一种声音上的强调,'没'是完全射进去,'石'是坚硬的,两相衬托呼应,更显射箭力量之强。"箭入石中,且入石棱中;不仅没箭,而且箭末白羽亦没。将军的勇健于"没在石棱中"这一场景中尽现。卢纶的诗,为李广的神力涂上一抹神话般的色彩。俞陛云认为:"夫弓力虽劲,以石质之坚,没镞已属难能,而况没羽。作者认为以'石棱'二字表出之,盖发矢适射两石棱缝中,遂能没羽,于情事始合。"

这首诗声音壮健,雄壮豪放的英雄气概充溢于字里行间。中唐的卢纶,笔下的《塞下曲》有盛唐的气象。

最浪漫的邀请

一

《问刘十九》用的是"虞（u）韵",比较含蓄的一个韵。清朝的章燮说,这首诗用土语而不俗,是点铁成金的手法。

"绿""红"的强烈对照,映出的是俗世生活的热闹,平凡日子的踏实。"绿"与"红"诉于眼,"酒"的香诉于鼻,"小火炉"的温热诉于身。各种感觉交织,令身暖、心暖。

第一句的"酒",徐健顺老师吟得缓慢、悠长。声母"j",仿佛哑巴着、品味着酒的感觉。韵字"酒"的特别强调,让酒的香自诗中升腾而出。村里有一户人家是酿酒的。当其酿酒之时,酒的香穿过竹林,飞过池塘,跃过围墙,似有若无,飘将进来。酒的香不像乡下人家煎猪油的香味,那种香初闻让人饿,久闻让人腻,而酒的香,清爽的,淡淡的,久闻不腻。

"小火炉","小""火",两个第三声的字,光是念,就让人觉得温暖。"红泥"和"小火炉",带来无比舒服、放松的感觉。红红的小火炉上,新酒飘香。满屋的温暖,令人向往。

吟诗为什么特别适合儿童?除了节奏、声音、韵律带给儿童的安全与宁静,还因为诗中使人如见的图画般的场景。吟诗让文字的抽象给儿童所带来的困扰,在文字所描述的图画中得到缓解。

"晚来天"的响亮与入声字"欲雪"的强调,"能饮一杯无"

的发问,是继酒的香,炉的暖之后,心醉对饮的序曲。这样的强调和发问,必令朋友,"心亦摇焉"。

这首诗用的是"虞(u)韵",暗暗的、哑哑的、弱弱的一个韵。《塞下曲》与《问刘十九》在《我爱吟诵》中是紧挨在一起的两首诗,强烈的对比,更让我们感受到声韵是有含义的。如果《问刘十九》改用《塞下曲》的"ong"韵,那该是黑旋风李逵的豪饮了吧?而李逵必不屑这以诗为柬的折腾,更不耐我这厮的胡想了。

《塞下曲》是一种生活,《问刘十九》是另一种生活,生活的多面让生之乐趣得以调和。没有"同销万古愁"的愤懑,没有"劝君更尽一杯酒"的伤感,有的是雪中相聚,围炉对饮。

以诗为柬,是最浪漫的邀请,中国式的浪漫下是最实在的生活。这是平淡日子的喜悦。淡,而有味。

第四节课,五(5)班,学吟《问刘十九》。

"醅",未过滤的酒。这个字,从音到义,孩子们都比较陌生。未过滤的酒,酒面有浮起的酒渣,细如蚂蚁,色微绿,故称"绿蚁"。听吟之前,有针对的疏通,非常必要。

听吟《问刘十九》三遍,学吟三遍。

把"酒"的拼音写在黑板上。我把"j-i-ǔ"的每一个音清楚圆满地吟出时,思麦说:"这是爱酒的诗人对爱酒的朋友刘十九发出的邀请。'酒'就是诗人想向朋友表达的语言。"

我吟"绿蚁新醅——酒,红泥——小火炉——",孩子们跟着吟。这首诗格外需要教师用自己的声音吟出来,把机器中放出来的声音转化成自己的声音,然后在教师与孩子一遍又一遍的应和中,慢慢裹进这温情里。反复吟"小火",反复体味第三声的字所带来的温润。吟"晚来——天欲雪",感受"欲雪"两个入声字。

心语:绿色和红色的对比很美,在这么美的地方饮酒,多么开心。

苏涵:这两句吟起来轻轻的、柔柔的,就像白居易和刘十九之间的友情。

思敏:"红泥——小火炉——",好温暖,就像诗人对朋友的热情。

可馨:"晚来——天欲雪",外面好冷啊,而诗人这里有"红泥小火炉",多温暖。刘十九一定会接受朋友的邀请。

芙果:这里不仅温暖,还有那么香、那么美的酒。这是诗人对朋友真诚的邀请。

这是自我感悟的碎片拼接成的世界,这是文字与声音的召唤。不管孩子们说得怎样,悟得如何,在吟诵的过程中,我们需要把自己所感受到的大声说出来。自我感受的细流汇聚在一起的欢欣,让我们在吟诵时有了更多自己加入、自己进入的味道。

这是吟诵对儿童的邀请,诗歌对儿童的邀请,最浪漫最艺术的邀请。

童年的踪迹

一

白居易的《池上》,明白如现代文字,记叙的是人人眼中有,而笔不能达的寻常之事。

"小娃——撑小艇"。小小的孩子,小小的船。两个"小"一个"艇",三个上声字,声音的婉转中有无限珍爱。诵"撑",必能感受到小娃划桨时的用劲、吃力。

"偷采白莲——回——"。茎秆上有刺的白莲,采之不易,况是小娃。"采"的齿音,是否有采莲不易的意味?"白莲——回——",三个第二声的字,似乎暗藏小娃偷采白莲而归的自得,喜悦在"莲"和"回"拉长的声音里荡漾。"撑""采""回",让船上的小娃向我们驶来。

《我爱吟诵》中的"吟诵建议"认为,第三句"不解藏踪——迹","开头结尾用入声字,用短音来强调小娃的疏漏,也是一个转折,用孩子的幼稚说明了孩子的天真"。小娃的"不解",不懂掩饰,恰显小娃的可爱。

"浮萍——一道开"。拉长的"萍"字,让一大片一大片的浮萍在声音里蔓延。我们家的鱼池里曾有过浮萍。这种绿色的小小的植物,生长的速度可能超过今日之高铁。作为数词的入声字"一",吟诵之时,充满动感。一池的浮萍,在干脆短促的入声

"一"里,蓦然散开。

顾随先生曾提到列顿·斯特雷奇对于中国诗的批评。斯特雷奇认为,中国诗在于引起印象。这首诗引起我们怎样的印象?诵诗之时,语调舒缓、温暖,充满对小孩子淘气的怜爱。"小""娃""采""白""莲""回(huái)""藏""道""开",韵腹皆为"a"的字,占了全诗一大半,声调响亮如夏日的晴空,开阔如满池的荷叶。

斯特雷奇又说:"此印象又非和盘托出,而只作一开端,引起读者情思。"

清浅的小诗,会不会让我们从心底翻腾起许多童年的记忆?童年的记忆里,也有满池挨挨挤挤的荷叶,也有亭亭的莲,也有想采下白莲和子实饱满的莲蓬的愿望。但没有小娃独撑小艇的勇气与胆量,自然无法享受采回白莲的喜悦和荡开浮萍的惬意。在那个夏日,在那满池的浮萍、满池的白莲前,白居易的心情该如夏日般晴朗吧。

有闲情的人,才会有如此快乐的视角,用如此轻松的笔调来写诗。

在那个夏日,白居易必是有暇豫的。在匆忙紧迫的生活里,他的眼中是看不到这样的图画的,或者,即算眼中看到,心上也必会忽略。当心灵有空间的时候,幼稚淘气的小娃,偷采白莲的平常事,才有可能进入眼中,落在笔下。

这一周的课,学诵《池上》。

"回",文读"huái",呼应这首诗押的"ai"韵。这样的提醒对于一年级的孩子,尤为重要。提醒之后,就不至于造成对他们识字的干扰了。对五年级的孩子来说,在听吟之时,他们就发现了"回"字的读音与自己平时读的不一样。讲明这首诗押的韵之后,他们很快就领悟了。

思敏觉得押"ai"韵的这首诗,诵起来特别悠长。心语发现,"偷"字诵时声音好短,好像小娃偷采白莲时的动作——,很快,生怕被人发现。星锐紧接着补充,"偷采"时小娃的动作是很快的,但采回白莲归的小娃则很悠闲,"偷采白莲——回——","莲"和"回"拉得好长,小娃是慢慢地撑着船回去的。《池上》小娃的生活就是孩子们的生活,因此他们能从声韵中发现小娃的"秘密"。

一段时间的吟诵学习之后,孩子们会自觉地从声韵中去感受古诗的韵味。声音像小艇,载我们来到池上,与小娃相遇。

生命的姿态

一

"墙角数枝梅,凌寒独自开。遥知不是雪,为有暗香来。"王安石的《梅花》,让我们看到宋诗开始避开典雅华丽的雕镂,走入散文化的明白浅显。

入声的"角",让"墙角"更为逼仄、压抑,有无法伸展的痛。"数枝"言其少,"独自"言其开花之早,"凌寒独自开"让梅成为早春之先声。"不是雪",干脆的入声"不""雪"和仄声"是",于否定中极言诗人之肯定,亦含蓄点明梅花之色彩为孤傲的白,而非艳丽的红。同时,似雪的白梅冷冷的风骨与上句的"独自开"呼应,让梅的形象更为饱满。"暗香来"三字,韵腹皆为开口度极大的"a",加上"香"与"来"的拉长,响亮的声音里,梅花傲然怒放。

为什么诗人选择的是梅花?且是墙角的梅花,早春凌寒独自开的梅花?

终身为政治理想而奋斗的王安石,有魄力,有骨格,有不同流俗个性的王安石,在借梅来说自己的心事。

一年级与五年级的孩子同吟《梅花》,该有怎样的区别?

一(3)班的课，是从班主任那儿要来的。周二的课因"五一"假期被冲掉了。

一(3)班的课从故事开始。"你看那墙角有什么？"孩子们随着教师的声音与眼光的引导，望向教室的墙角，有几个孩子还站起来睁大眼睛看。"催眠"的序幕拉开了。"你看，墙角有几枝梅花，正冒着严寒开放呢。""我远远地看着，知道它不是雪啊。"做闻香味状，"嗯——，有一股淡淡的梅香飘了过来。"随着教师的讲述和动作的带动，好多孩子皱着鼻子闻起来，表情远比教师夸张和生动，也远比教师陶醉。古老语言的陌生感在故事中消融。

带读"凌寒""遥""墙"几个生字。在学吟之前，照例是要孩子们依平长仄短边舞边诵。诵相对吟要容易。在诵中，生字的障碍得以跨越。学吟之前介绍杨芬老师，因为之前我们学的都是徐老师的调子。对杨芬老师能自抚古琴，孩子们可敬佩了。

第四节，给五(5)班的孩子们上课。课前，沁洋就站在小黑板前，诵出《梅花》。一上课，我就请沁洋将《梅花》诵一遍。红了脸的男孩，把该要拖长的字拉得长长的，格外大声地诵着，格外认真地舞着。他眼中的火花将点燃更多孩子心中的火花。

很多孩子是能背这首诗的，今天学吟的意义何在？

"'香——'，让幽香渐渐飘来。""'独自开——'，绽放的梅花好骄傲。"这是孩子们吟诵之时的体会。

杨芬老师自抚古琴的吟诵，可馨觉得"柔柔的"，思敏则补充说，"柔中带着刚"。开阔幽远的"ai"韵，入声的"雪"在轻顿之后的拉长，三四句诗的重复送出，更显其柔。当"墙角"是其与生俱来的环境，当严寒是其相伴相随的命运，不埋怨，不惧怕。自会发觉，这苦难，原是梅的美与香的来处。

虽处墙角，虽陷严寒，但永远昂扬，永远勇敢地面对生命中的艰难与困苦。这是梅的生命的姿态,也是此时的王安石生命的姿态。

"南浦随花去,回舟路已迷。暗香无觅处,日落画桥西。"(《南浦》)这是王安石隐居金陵蒋山后的诗。此时的他年纪渐老,心境日衰。诗中的"暗香"已纯是"暗香",不复有寄寓之意了。

一切归于平淡。

不再有芬芳

一

金兵南下，宋高宗从扬州到临安、建康、越州、明州，至过海到温州，一路逃亡。

太平无处觅的岁月里，一个柔弱的女子发出了这样的呼喊："生当作人杰，死亦为鬼雄。至今思项羽，不肯过江东。"

首句，情调慷慨，音节高亢。拉长的"当"，雄浑的"当"，是理所应当，理当如此。"作人杰"，"作""杰"为入声，"人"，平声，拖长的平声。"人"字的强调，是对顶立于天地间的人的呼唤。

第二句，入声字"亦"的顿挫，刚健悲壮。"雄"，"x-i-ong"，从齿音"x"到鼻音"ong"，豪迈壮烈的英雄气，充沛于天地之间。从上句阳平的"人"字到此句阳平的"雄"字，声韵愈加有力、铿锵。"身既死兮神以灵，子魂魄兮为鬼雄。"视死如归的楚国将士，魂兮归来！

"至今思项羽"，除"羽"字外，四个齿音，如同咬牙说出。沦陷的故乡，"飘零遂与流人伍"的生活，是李清照的"今"。仓皇南逃的王朝，风雨飘摇的现世，已无可期许。只能"思"项羽，也仅能"思"而已。世事的洞明，更让诗人黯淡。咬牙说出的"至今思项羽"里，有多少悲壮感慨。

"不肯过",入声的"不"字后接连两个仄声,决绝坚定。这是站立的"人"的抉择,是"力拔山兮气盖世"的英雄的抉择。十面埋伏,四面楚歌,虞姬已逝,乌骓已托,一代霸王,怎肯偷生东还?气势滔滔滚滚的拖长的"江——",仿佛霸王的一腔英雄之气。一江之隔,却是生死之界,"不肯过江东",必是"生当作人杰,死亦为鬼雄"的项羽的抉择。

且吟这首诗!铿锵声韵中,浩然正气自生,无惧气魄自立。

第四节,给五(5)班的孩子们上课。

翻开《写给大家的中国美术史》,看宋朝的花鸟图。

赵昌的《岁朝图》,艳丽无比的绿与红的对比,华丽、丰富。

赵佶(宋徽宗)的《腊梅山禽图》,轻柔的梅,恩爱的鸟,笔法精细。

王凝的《子母鸡图》,鸡雏窝于母鸡翅下,或伏于母鸡背上,温暖安心。

对花卉和禽鸟的细腻表现,来自极长时间的专注观察,定格着一个曾经和平美丽的时代。

在曾经的安稳岁月里,李清照也曾有恩爱美好的生活。给孩子们讲《吴姐姐讲历史故事》第9册中的《一代才女李清照》《赵明诚、李清照艺术仙侣》。对赵明诚、李清照能说出"某一件事出在某书第几页第几行",教室里惊叹声一片——"噢!"讲到李清照东奔西跑之下,把心爱的古玩字画差不多都丢光了,孩子们心痛不已。

出示《夏日绝句》,齐诵。

再讲第1册中的《虞美人》。

"力拔山兮气盖世。时不利兮骓不逝。骓不逝兮可奈何！虞兮虞兮奈若何！"兵围垓下，英雄末路，叱咤的霸王也有难舍的牵挂。"天要亡我，何必再渡江？我与江东子弟八千过江东征，现无一人东还，我有何面目再见江东父老？"悲壮的结局令教室里如此安静。

此时的吟诵，有了故事的依托。故事中图画般的场景，是孩子们吟诵时充盈的情感之源。那时的人与事，还有情，在诗中涌动，在吟诵中奔流。

学习了程滨老师的吟诵之后，一多说："李清照对这个王朝已经失去了信心。如果是一个男子，她肯定会去当兵上战场，我从'死亦为鬼雄——'这里能体会到，她就是死了，也要像一个英雄一样死去。"

如果没有故事的讲述，一个孩子怎会发出这样的感慨？如果没有故事的讲述，从未经历沧桑的孩子，又怎能吟出其中的雄浑豪迈？

三

而在昨天，在一（3）班上完课后，在没有开灯的办公室里，被暗暗的光包围着的我，有一些沮丧。孩子们的吟诵为什么会机械而疲惫？是闷闷的天气让人发困吗？是孩子们的注意力涣散吗？

当我抽离自己的人生阅历，放空自己对那段历史和诗人身世的了解，以儿童的眼光再吟《夏日绝句》，惊觉单从诗句给予的信息，我看不到任何画面。

而我给一年级的孩子们上课的时候，只给他们讲了诗的意思并简单地介绍了项羽。没有故事的支撑,"生当作人杰,死亦为鬼雄"对儿童来说,无异于喊口号。情感找不到生根的土壤,吟诵便成了无源之水、无根之木。大脑空空、内心空空的孩子,怎不越吟越疲倦?

把吟诵带给儿童的我,要警惕啊,不能让吟诵变成鹦鹉学舌,不能让最有灵性的语言成为最枯燥的说教。更要警惕的是,如果我总是站在高高的位置上,俯视着"小人国",把课堂的失败归咎于孩子们注意力不集中或习惯太差,而不审视自身,则无异于给孩子们捆上一道又一道绳索。当巨人们都这样的时候,校园生活将了无生趣、无法忍受。

四

"李清照,生于宋神宗时代,历经靖康之变、北宋沦亡,卒于南宋高宗绍兴年间。"从北宋到南宋,只是王朝的更迭。而对于历史中的这个女子,却从早年的欢乐走向了中年的黯淡、晚年的悲苦。

"云鬓斜簪,徒要教郎比并看。"是我美,还是花更美?

匆匆南渡中,芳馨甜蜜的日子,已不再。

"得书画彝鼎,亦摩玩舒卷……坐归来堂烹茶,指堆积书史,言某事在某书某卷第几页第几行,以中否角胜负,为饮茶先后。中即举杯大笑,至茶倾覆怀中,反不得饮而起。"猜对者举杯大笑,而至茶杯倾翻于怀。

流浪的脚步里,雅致迷人的生活,已不再。

"至今思项羽",亦仅能思而已。

偷生的王朝下,磅礴的英雄之气,已不再。

这个女子的呼喊,淹没在战祸与离乱中。到后来,历经国难家变，抱着一颗破碎的心，竟找不到一处安身之所，在江南的旅居中孤苦地死去。

花儿谢了。

不再有芬芳。

盛世的歌唱

一

贺知章的《咏柳》，句句都如画。

开启了眼的，是如玉般碧绿柔润的柳。从阴平到阳平的"妆成"，让人不由得把头抬高，拖长的"成"字更促成了这种仰视的效果。

满眼的绿里，"一树高"是静的，挺拔昂扬的；"绿丝绦"是动的，飘逸柔美的。

目光聚焦于"细叶"。每一片嫩叶，是柳欣欣然睁开的眼，诉说着漫长冬天后的苏醒与渴望。在诗人静静的凝视里，春风轻抚的触觉定格为裁出细叶的视觉。无形的春风化身为有形的剪刀，剪去寒冷与萧瑟，裁出温暖与欢欣。

二

缠绵忧伤的柳，在贺知章的笔下，是强健高昂的。这样的感觉来自声韵。且听程滨老师的吟诵——

咏　柳

（唐）贺知章

·　·　—　—　·　｜　—

碧　玉　妆　成　一　树　高，

```
｜  —  ―  ｜  ·  —
万  条  垂  下  绿  丝  绦。
·  —  ｜  —  —  —  ·
不  知  细  叶  谁  裁  出，
｜  ·  —  —  ｜  ｜  —
二  月  春  风  似  剪  刀。
```

每一句诗中皆有入声字，且一、三句中的入声字达三个之多。入声的顿挫，让柳活泼、飞扬起来。

"高""绦""刀"三个韵字，响亮，饱满。三个韵字皆为阴平，当其平平地拉长之时，仿佛镇纸，让柳于飞扬之中有了稳立大地的自信、沉着。

饱满的声韵，源自诗人的英气勃勃。少年得志，一路花开的诗人，欣赏和追慕的是任性和旷达。"知章骑马似乘船，眼花落井水底眠。"（杜甫《饮中八仙歌》）狂放不羁的诗人，眼中的柳又怎会不充满自豪感与生命力？笔下的柳又怎会有感伤、低沉的音调？

饱满的声韵亦源自那个时代。"忆昔开元全盛日，小邑犹藏万家室。稻米流脂粟米白，公私仓廪俱丰实。"（杜甫《忆昔》）唐的鼎盛强大、富庶繁荣，给《咏柳》涂上了自信的色彩。

三

"让儿童从心灵中自然浮现图像"，是我在《咏柳》的吟诵中着力实践的。

Joan Salter 在《我来了》中写道：

到了第三个七年，这是知性诞生与发展的时候。皮亚杰说：

"知性发展的最后阶段开始于十二岁,而在青春期得到巩固。"他认为只有当孩子完成了他所需要的发展之后,这样的知性发展才能够达成。

如同皮亚杰所指出的:青少年思考的更进一步发展,只有在基础已经先一步发展完成的情形下才能达成,更高的思考形式也是如此,它必须以孩提时代所有已经发展的东西作为基础,它是不能无中生有的。

第三个七年知性的诞生和发展,端赖于第二个七年图像性思考的充分发展。

我没有用多媒体出示柳树的图片。有的图片徒具形式,很难让孩子有深刻的印象。没有用简笔画在黑板上画出有"绿丝绦"和"细叶"的柳树。公式化的图画,将会使孩子的想象力窒息。

一年级的孩子在吟诗之前,聊起了记忆中的柳。铭翔忆起,奶奶的院子里,柳树在小池边梳头;珺婷忆起,柳树的叶子是尖尖的,长长的;晓华忆起,公园里,柳树好像在和鱼儿说话。生活中的图像,让柳在孩子们的眼前活跃起来。

五年级的孩子已从课本上学过这首诗了。在教师介绍诗人之后,孩子们从反复地听吟、学吟中,感受到了什么呢?

一多说,诗人就像这棵柳树一样美丽、自由、意气风发。他在写《咏柳》的时候,心情一定是很愉快的。

思麦说,二月的春风像一把大剪刀,"咔嚓咔嚓"剪出了细细的柳叶。大自然像一个巨人,充满力量地走来。

有高扬,有低伏,有顿、挫、轻、重,在诗的节奏和韵律里,柳在歌唱。吟诵让我们在一遍又一遍的重复中,有了聆听柳的歌唱的内在的耳朵。我们听到了,听到了自由自信的灵魂,在盛世的歌唱。

乡音里的记忆

"少小离家","老大回"的诗人,已是86岁的老人。

"少小离家——",心是朝着高处的,眼是望向远方的,脚是大踏步向前的。"少小",韵母皆为"ao",骄傲得像鼓满风帆的船,急欲驶出故乡的港口。"少小"与"老大"皆为仄声,强调的是从有所求而"离家"到无所求而"回"这段长长的路。

"乡音——",拉长的声音里,在呼唤着什么?有什么在潜意识里渐渐苏醒,从心的深处如烟般升腾?是"春风花草香"中的浪漫出游,还是"青草池塘处处蛙"里的闲敲棋子?是"风声雨声"里的读书作诗,还是"共剪西窗烛"的蜜意柔情?"无改"的"乡音"里,封存着怎样挥之不去的记忆?

乡音无改,但鬓毛已衰,拉长的"衰"字里,有多少辛酸感慨。"乡音——无改"与"鬓毛衰——"的巨大反差,让人心里有空空的痛,岁月无法倒流的痛。

"儿童——相见不相识,笑问客从——何处来——"。两句中有三个入声字:"不""识""客"。徐健顺老师在《声音的意义》里说,"入声经常在诗词中表达痛苦之意"。50多年之后,人事已非,儿童不识,自是当然。而一个"客"字,让寻求故乡温情怀抱的游子,惊觉时光已逝。"溪头卧剥莲蓬"的童年已远去,诗酒酣畅的岁月已不再。在故乡初升的阳光里,意气风发奔赴前程的那个年轻人,已经老了。在"红了樱桃绿了芭蕉"的庭院里,可有一个安放身体与心灵的地方?

舒缓深远的"ai"韵里,藏着诗人多少的感慨。而千年之后,有多少游子,在这样的诗句里寻找到纾解情绪的出口,让自己沧桑的灵魂得到安慰。

"此诗看似轻松愉悦,场景鲜活,实际于背后蕴含无数辛酸感慨。儿童不省世事,故笑;诗人历尽沧桑,故'衰'。吟诵中两种情绪要互相渗透。"(《我爱吟诵》)。

对于不谙世事的儿童,该如何教他们吟诵《回乡偶书》?叶嘉莹先生在《我爱吟诵》"序言"里提出的"聆听别人的吟诵",是我一直在吟诵课堂里践行的。安静、凝神地聆听《回乡偶书》的吟诵,沉浸在声音里,体味声音里的感叹忧伤。

要有安静的氛围,教师先要做个安静的人。我轻声带一年级的孩子们诵,轻声给孩子们讲诗的意思。突然发现,声带不再紧绷,声调不再高昂的教师,给孩子们带来了平日没有的放松与沉静。

学吟的时候,一年级的孩子,怎么也无法做到"轻轻的"。喜欢吟诵的彦宗高而尖的声音,让全班的孩子热血沸腾。当他们的声音盖过徐老师的声音时,吟诵的调子已充满了他们自己的"创造"。

"低一点""轻一点"的提醒,效果只是最开头的那一句,往后吟,便"一浪更比一浪高"了。"说悄悄话比赛",终于让孩子们吟诵的声音低下来。安静的氛围里,心也变得轻柔起来。

五年级孩子的吟诵，从几乎听不到声音的"耳语"到轻轻地吟诵，"ai"韵如叹息般的感觉，从声音里徐徐出来。

　　在古老诗歌的节奏与旋律里，躁动的心逐渐柔软、安静。

　　在吟诵的"乡音"里，我们找到了回家的路。

孤城与孤客

一

"黄河远上白云间,一片孤城万仞山。"远川高山,绵延铺展。"一(!)片孤城——",入声的"一"和仄声的"片"的强调,给人单薄、飘荡的感觉,像孤客无所着落、无所依靠的心。千里无人烟的沙漠,让孤客的目光怎么走,也走不到家乡。拉长的"城"字,仿佛戍边孤客的叹息。

一片孤城,在滔滔滚滚飞入云端的黄河前,愈显弱小;在远接天山的贺兰山脉前,更觉孤独。

我曾经站在黄河的壶口瀑布边,看黄色的浊流冲破窄小的阻塞时,重获自由的瞬间,迸发出极为强劲的生命的力量,如脱缰的野马,一往无前。在耳膜仿佛要被震破的轰鸣声里,连风里都仿佛留下了波涛激荡的震动。

而孤城中的孤客,是听不到这滔滔滚滚的声音的。他只能看到如丝带般迤逦飞入云端的黄河。千山万仞,亦静寂无声。

孤独和寂寞里,有什么声音在传过来?

那么悠扬而又那么苍凉的声音,在大风里颤抖,在黄沙中颤抖。那么悠扬而又那么苍凉的声音,吹醒了乡思,吹醒了离情,却吹不醒春天,吹不醒杨柳。

漫漫黄沙,漠漠孤城,原本以为自己的乡思已结茧,但《折杨柳》的缠绵幽怨，将孤客缠绕。记忆的大门在轰然打开。

在这声音里，会不会忽然想起故乡新生的柳芽、飘飞的柳絮，想起长安城外灞桥边的折柳而别？

边地荒远，春风不度，杨柳不青。玉关杨柳，与孤客一样，同苦春寒。托羌笛以寄愁者，又何必错怨杨柳不能在风中飘摇？

羌笛之声，让诗歌由前两句的壮阔转入后两句的深情。

《凉州词》悲而不失其壮，源自诗中诸多开口度大的音。在这响亮的声音里，我们但觉其"悲壮苍凉"，而不觉其"衰飒颓唐"。

周三第四节课上课之前，好几个孩子站在小黑板前，依据平仄符号，各自边诵边舞，声音起起伏伏，热闹得很。

铃声响后，闷闷的教室里，风扇呼呼搅动着热热的空气。后排的一个男孩，正偏过头与另一行的同学搭话；第一排的一个女孩，在抽屉里忙碌着清理书本；还有细碎的声音从某个角落传来。教师的"高压"，肯定能让这些声音停息下来，但怒火也将"点燃"这燥热的空气，导致更多的孩子陷入疲倦与无神。站在讲台上的我静默着。在静默里，教室里逐渐平静下来。

《凉州词》这首诗，五（5）班的孩子们早已学过。先朗读，再依平仄而诵，反复多次之后，让孩子们说说，朗读与依平仄而诵，带给自己怎样的感受。

常睿说："诵的时候，我感觉更惆怅一些。"

思麦说："当我诵'春风——不（！）度玉（！）门——关——'的时候，我感觉春风好像被玉门关给弹回来了。"

有旋律的吟，又会带给孩子怎样的"兴发感动"？

常睿和心语都提到了第三句："羌笛（！）何须——怨杨——

柳"，他们感觉这句特别低沉，好像士兵正在诉苦。

安然说："诵的时候，我仅仅感受到士兵的悲伤；吟的时候，我感觉到悲而不失其壮。他虽然很想家，但是为了保卫国家，他只能坚守在这里。""悲而不失其壮"的感悟，源自徐调的旋律。是旋律，将诗的深层意蕴传达出来。

川容说："朗读的时候，我的脑海里没有产生图画；当我吟的时候，每一句诗我都能想象出一幅图画。"

孩子们把自己想象到的画了下来。

这些图画，表面看去，与以前的"诗配画"差不多，实则不然。

以往古诗教学中的"诗配画"，是孩子经由古诗的"翻译"，对其进行注解。这时的孩子是被动的。

而这些图画，源自吟诵时所产生的联想，不再是对诗歌的注解式呈现。孩子由内心的渴望而迫切要自主呈现，他整合自己的经验，并使这一切成为自己的。这些图画，是孩子自主构建的内心图画的外显，是孩子用艺术的方式记录下的自我体验。

叶嘉莹先生说："古人教诗首先注重的就是培养学生善于兴发感动的能力。""兴发感动的能力，简单说，就是一种产生联想的能力。"对于古诗如何才能引起人的"兴发感动"，叶先生认为："与中国吟诵的传统有着密切的关系。"

课堂上孩子们的"兴发感动"，与吟诵有着多么密切的联系。

三

"黄河远上白云间"也好，"万仞山"也罢，都是孤城中的孤客日复一日、年复一年看到的单调场景。这个春天，与往年的春天，也没有什么不同。真正让孤客的乡思冲破堤坝的，是羌笛的声音，是《折杨柳》的曲调。

而让外在于儿童的诗歌，外在于儿童的诗人的情感，成为儿童内在的图像，成为儿童自我世界的一部分的，是吟诵，有旋律的吟诵。

出 塞

一

出塞，生命被置放于旷野上。所有的风景几乎是一种停滞的状态，大漠的苍茫与辽阔带来了田园中所没有的渺小与孤独。生命的状态与熟悉的家园，与亲人的牵连被切断。

夜月关山，乡情如大漠，无际亦无边。

孤月无言，看雄关犹横绝塞，戍将仍守边关。

孤月无言，看玉门生入，曾无几人，古来征战，几人能还？

月亮，成为边塞诗中的一个重要意象。

秦时明月汉时关，万里长征人未还。但使龙城飞将在，不教胡马度阴山。（王昌龄《出塞》）

明月出天山，苍茫云海间。长风几万里，吹度玉门关。（李白《关山月》）

烽火城西百尺楼，黄昏独坐海风秋。更吹羌笛关山月，无那金闺万里愁。（王昌龄《从军行》）

唐朝的开疆拓土，让很多诗人拥有了边塞生活的经验。辽远空阔的边塞，给予诗人完全不一样的生命体验。

《我爱吟诵》中，《凉州词》后是《出塞》。两首边塞诗皆用

"删（an）"韵，应非偶然。"an"，以鼻音为尾音，产生了空旷回音的效果，这是诗人将自己对边塞的体验用声音模拟出来。

《出塞》首句入韵，四句三韵，一、二、四句均有韵脚。吟诵之时，韵脚的声音特别突出，最能表达诗人情感，影响吟者情绪。《出塞》的韵字为"关""还""山"。居于句子末尾的韵字，有充分的时间蓄满力量。平声宏亮延长的声势，将阴山与关塞的绵延，人未还的浩叹，用声音传达出来。

全诗的入声字为首句的"月"和末句的"不"。仅有的两个入声字，在诉说着什么？

首句，"秦时明月汉时关"。月，且是明月。大漠中特别清晰明亮的月亮，刻印在戍将的生命里。这一轮明月，照过秦朝的边关与戍将，照过汉朝的边关与戍将，也照着唐朝的边关与戍将。流逝的是时间，更迭的是王朝，更换的是戍将；不变的是天上的明月，不变的更有几百年间"万里长征人未还"的相同命运。

首句七字，浓缩着几个朝代，跨越了几百年的时间，令诗充满遒劲的张力。

末句，"不教胡马度阴山"。七字之中，"不""胡""度"收音于"u"，"山"收音于"an"。傅庚生认为，收音于"u""an"的字，"皆极沉重哀痛"。历代边患之苦，从胡儿度阴山而牧马中，得以具体呈现。飞将已不在，"避之数岁，不敢入右北平"的胡儿，任性恣肆，度阴山而牧马，如何不沉痛？

"不教胡马度阴山"，自肺腑深处发出的入声的"不"字，是戍将决绝坚定、掷地有声的誓言。

哪怕万里长征人未还，誓不能教胡马度阴山。

三

这是我教原来两个班的孩子们吟诵的最后一首诗，也是我教现在的孩子们吟的第一首诗。

如原来那两个班的孩子们初接触吟诵一样，二年级的孩子吸纳的能力，是六年级的孩子所不及的。

第一次学吟诵，我照例要讲中国式读书方法的基本规则的。平长仄短；一三五不论，二四六分明；依字行腔不变调；押韵的尾字要拉长。我照例要给孩子们讲吟诵的前世今生。

第一次学吟，两个班的孩子便能用两只手做手势。但平长仄短的符号中，平声尚能拖长，仄声则无法变短，入声更无法有顿挫之感。平日朗读的均分节奏，在顽固地拉着倒车，与教师的指挥拔河。六年级有男孩在喊："慢一点，慢一点，太快了。"他说的是仄声的节奏，也可能是手的舞动，无法与诵的节奏合拍。

在手与口努力保持协调一致的兴奋与乱哄哄中，下课铃声响了。

二年级的孩子们学诵数遍，学吟数遍，只是两手伸展开来时，不免碰到同桌。提醒同桌舞动时前后错开，手不要碰到别人的眼睛。

二年级的孩子基本学会了吟这首诗，而六年级的孩子还只诵了几遍就下课了。究其原因，下午第一节课上课的六年级的孩子们，注意力不如上午第一节课学吟的二年级的孩子们。维持秩序的时间不仅浪费了宝贵的上课时间，更让凝神聚力的场难以形成。朗读的节奏更深楔入的六年级的孩子们，被惯性束缚着，更难以进入吟诵的韵律轨道中。

作为教师，我需要反省的是，在二年级的孩子们学吟的过程中，我放慢了节奏，一步一个脚印，让孩子们的手与口和谐，身体与文字相融。教六年级的孩子们学吟时，着急了些。其实，于六年级的孩子们而言，这样的细致搀扶，真是一步都不能少。

慢一些，再慢一些，放缓教学的节奏，是儿童初学吟诵所必需的。

依依怅望

一

"故人西辞黄鹤楼,烟花三月下扬州。孤帆远影碧空尽,唯见长江天际流。"

诵诗数遍,听吟。什么都没有给孩子们说,只要他们安静地听我吟《黄鹤楼送孟浩然之广陵》。

二年级的王知宸感觉到了忧伤,六年级的郑涵月觉得特别凄凉。

七言的诗,音节更为舒缓。整首诗中,平声居多。和畅的平声如江水一波一波地延展开来。响亮的"尤"韵,将最深的感慨传递出来。所以,不知愁与忧为何物的孩子,自声音之中,窥见了诗人的心事。

诗的第一句写辞别之地,第二句写出发的季节及目的地。文字上是平缓的、安静的,声音中却已起了情感的波澜。"西辞"与"下"均为尖锐清利的齿音,从齿缝中挤出来的声音,刺痛着人的心。"下"的去声,仿佛将字往外送,用声音诉说着故人远离的忧伤。仙人一去不返的黄鹤楼,亦是故人辞别的伤心地。繁华的扬州,更衬出送别者的落寞。"黄鹤楼"与"扬州"之间,江程迢递。出发起点与终点的赫然出现,暗藏着送别者的牵挂与担心。

第三句,孤帆一片,渐行渐远,消失在天的尽头。"孤"字里,映出送别者空寂的眼与心。动态的画面，让意象得以格外清晰地呈现。

第四句，空间渐阔，直至扩大到无穷。浩荡长江，天际自流，视觉的浩大与无限，更觉消逝的怅然与忧伤。吟诗之中，对于仄声的"见"字刻意的延宕、拉长，让这情有了直观而生动的呈现。

苍茫的空间，动态的画面，唤起的是读者潜在经验世界中越来越多的共鸣。正如王国维所说，真景物真感情，使"境界全出"，从而产生一层不隔的效果。

一个总是处在流浪中的生命，已经习惯于面对分离；一个不羁的灵魂，"举杯邀明月"，对影亦可成三人。

"萧萧班马鸣"里，"挥手自兹去"，潇洒地告别。

与叔云的告别如此豁达，"长风万里送秋雁，对此可以酣高楼"。

"桃花潭水深千尺，不及汪伦送我情。"与汪伦只是泛泛之交，故李白亦不伪饰以依依之情。

只有在送别"红颜弃轩冕"的孟浩然的时候，李白才有这样的深情与惆怅——"孤帆远影碧空尽，唯见长江天际流"。"吾爱孟夫子"，李白对于孟浩然的生命状态是如此欣赏，对于朋友的倾诉如此直接。

对于他的另一个好朋友杜甫，李白自沙丘城所寄的诗里，也有空茫的水的意象："思君若汶水，浩荡寄南征。"

李白看"孤帆远影碧空尽"，帆影尽而牵挂之心难尽。

朱自清在"晶莹的泪光中",看见父亲那"肥胖的、青布棉袍黑布马褂的背影",有难以释怀的伤悲。

龙应台悟到:"父子母女一场,只不过意味着,你和他的缘分就是今生今世不断地目送他的背影渐行渐远。"

长江水也难以填满的一种空,想要追随却无法追随的一种痛。

依依怅望,让视觉上的空,成为心灵中的空。

四

让孩子们把心静下来,把声音低下来,感受这很慢很慢的源于匡扶先生的吟诵调。唯其如此,孩子们才不会在掩盖过光盘吟诵的声音之后,按照自创的节奏急急火火地往前赶。唯其如此,吟诵的慢的味道才逐渐在空气中蔓延开来。就这样轻轻地,慢慢地,用一种在今天的生活中几乎不会出现的极慢的速度,一遍又一遍地吟。慢到时间都仿佛停止。

今天的课堂,再次印证,吟诵对于今天的孩子具有疗愈的作用。习惯于喧嚣、乐于被电视电脑控制的孩子,在吟诵中找寻到自己的力量。在"快点快点"的旋涡中沉浮,在每一个饱胀到要爆裂的日子里迷失的孩子,发现很少体验过的慢带给自己如此多的愉悦与欢喜。

前半节课里一直有些躁动的六年级的孩子,后来安静下来了,专注起来了。而忧伤如水一般,在教室中流淌。

惊叹复惊叹

望庐山瀑布

（唐）李白

！	｜	－	－	－	｜	──
日	照	香	炉	生	紫	烟，
－	－	｜	｜	｜	－	──
遥	看	瀑	布	挂	前	川。
－	－	！	｜	－	－	！
飞	流	直	下	三	千	尺，
－	｜	－	－	！	｜	──
疑	是	银	河	落	九	天。

这是关于瀑布的一首诗。"瀑布"二字为双唇阻的破裂音，"口程与鼻程同时闭塞，阻遏住气流，然后骤然间解除口阻，气流由口强力透出"。"飞流"的"飞"，"直下"的"下"，均为气息外达的送气字。"声义相切"，瀑布自声音中呈现。

入声的"直"与"尺"，气流的骤然收住，仿佛瀑布在绝壁上的陡然飞落，触到地面时的轰然巨响，让人不仅看到画面，还听到声音，"惊耳动心"。入声的顿挫，也如诗人在"直下三千尺"

的飞流前的惊叹。

七言绝句的后三个字,第一句的"生紫烟",第二句的"挂前川",第四句的"落九天",字面的配置相同。具有活动力的"生""挂""落",让静止的文字也有了瀑流的汹涌。紫烟缭绕与瀑布飞落,是柔美与力量的融合;"挂前川",山的青与水的白,是色彩的融合;"落九天",是想象与现实的融合。动词的点睛,诸多物象的衬映,加上"日照"的光芒和动态的夸张的想象,使瀑布格外清晰地浮现。

第三句的"三千尺",三字相连一贯,与其余三句的字面配置不同,避免了呆滞的节奏。节奏的变化中,第三句在诗中得以凸显,"飞流直下三千尺"的气势直逼到读者的眼帘前来。

这是一个自由的生命,面对自然中另一个自由的生命时的感动。我们的视觉与听觉,被诗歌带到山川之中,瀑布之前,与诗人一起,惊叹复惊叹。

二

"用声音来强化效果,使声与情、声与物、声与事,都有着奇妙的摹拟作用,才是妙谛。杰出的诗人能静听内心或外界各种情态的节奏音响,用敏锐的感觉","将各种抽象或具体的情状捕捉下来"。《中国诗学·鉴赏篇》中的这段话,让我找寻到走进《望庐山瀑布》的路径。

阅读《中国诗学》,正是我深爱着诗而又有诸多疑问与困惑之时。

从《中国诗学·设计篇》到《中国诗学·鉴赏篇》,再到《中国诗学·思想篇》《中国诗学·考据篇》,一本又一本,惊叹复惊叹。

我常常想快快地读完这四本书,但又常常会停留下来,一读再读。文字中的金石之声,更让我常常要发声朗读,吵扰到同室阅读的儿子。

阅读的过程,是心灵逐渐敞亮的过程。《中国诗学》四册已读完,但我忍不住要把这旅程再走一遍,开始了第二遍的阅读。

《中国诗学》是作者黄永武40岁时所写的书,在30年后再增订出版的。是光阴,让这套书既有"笋尖的嫩",又兼具"蔗根的甜"。

《中国诗学》让诗歌从神秘与模糊中走出来,以从未有过的清晰而明朗的面目出现。"抽象的美具体起来,隐微的美显现出来,可以意会的,都可以言传。"中国诗歌永恒的美,扣动阅读者心弦。作者极广的阅读,化入无痕,读这四册,亦随作者遍览群书。

《中国诗学》让我对诗歌充满了更多敬畏。"如果鉴赏完全是以读者个人趣味为中心,这种印象式的鉴赏,是人人都能的;但如果要透过字义诠释的层次、透过结构美感的层次、透过性向风格的层次、透过道德判断的层次,直与作者的心弦发生生命的共振,则这种鉴赏断非人人皆能。"

一首与自然有深切关联的诗,自应努力唤起孩子的生活经验。

从香炉说起,到陈崇瑜上台画出外婆家插着三炷香的香炉;孩子还细致地画出了香炉的双耳及袅袅的轻烟;之后请看到过真实瀑布的孩子,说说自己的感受。

接着诵诗、吟诗。延宕的"烟",让烟雾自声音中缓缓升腾。平声的"看",慢慢将孩子们的视线引到瀑布之前。第三句短促有力的"尺"之后,紧接着吟第四句,是孩子们最难突破的。但一旦突破，文字所展示的真切画面，声音中涌生出的无限动感，让孩子们经验世界中的共鸣逐渐强烈。

这瀑布挟着诗人的惊叹，在孩子们的声音里、手势里，自九天而落，飞泻直下。

吟诗为什么特别适合儿童？

诗不虚泛，不抽象，让孩子们进入切身实感的境域。诗富有韵律，孩子们在依平仄而行的手势的助力下，触摸到古老诗歌的韵律。与诗人一起，在"日照"里，看紫烟升腾，看"飞流直下三千尺"，惊叹复惊叹。

我的吟唱

一

第一次聆听魏嘉瓒先生的吟诵。这不像从机器里出来的声音,让人有些不习惯,而像完全去除表演的成分,有如兴之所至时,一个人的哼唱。

这是"我"的吟唱——吟给自己听的声音。

这朴素的、有些苍老的声音,在一遍又一遍的播放中,锈蚀着刚硬的盔甲,帮人卸下重负。吟诵真的只是吟给自己听的,给自己找到一处情感的出口,兴奋时能宣泄,孤独时得安慰,沮丧时有光亮,困顿时能寻找到心灵的悠闲。

边做手势边跟吟,手竟跟不上节奏,这按自己的韵律而走的节奏。

孩子们会喜欢这样的吟吗?

二年级的孩子与颇多变化的节奏捉着迷藏。用手捕捉节奏的孩子们,耳朵都仿佛竖了起来。六年级的孩子用很轻的声音跟随,用安静的心感受旋律。那些没有沉下心来的孩子,只要稍一走神,就感觉手在乱舞了。放弃高亢,放弃机械的匀速的节奏,源自真实自我的吟诵,养耳,养心。

二

四句诗，挟带着奔腾澎湃的力量，构成极富动态的图画，使楚江怒涛，涌至眼前。

黄永武在《中国诗学·诗计篇》中写道：

> 音响的积极意义，应不当是局限于悦耳动听的单调效果，还须顾及字义，顾及物状，顾及人情，大凡诗歌中最成功的音节，能促使文字的音与义密切链接起来，令音响与兴会归于一致，声由情出，情在声中，声情哀乐，一齐涌现，达到诗歌音响的妙境。

"碧"，用声音表现出水流被阻遏时，驾空的高浪。重厚的喉音"东"，模拟出水势的咆哮翻滚。迫促的入声"出"，宛如对高峻山势之惊叹。静态的山也有了充沛的力量，迎人而来。从"孤"到"一"，再加上单薄的"片"，似乎要一意强调孤帆。但舒缓的"来"，让碧水与青山敞开门，只为从夕阳明处驶来的白帆一片。与山逢与水会的欣喜，从诸多舌齿间字和舌音字中飞涌出来。

水壮山雄，生命直接爆发出来的决然的力量，与青年李白的内心相呼应。

渴望像水般冲决一切向前奔，渴望像山般雄奇，渴望生命的全然释放。这是青年李白的吟唱，自我生命的吟唱。

昂起头来

别董大·其一
（唐）高适

```
－  ｜  －  －  ｜  ｜  －－
千  里  黄  云  白  日  曛，
｜  －  －  ｜  ｜  －  －
北  风  吹  雁  雪  纷  纷。
｜  －  －  ｜  －  －  ｜
莫  愁  前  路  无  知  己，
－  ｜  －  －  ｜  ｜  －－
天  下  谁  人  不  识  君。
```

"训诂学家归纳字根，认为字义起于字音，所以同韵的字，意义大致相近。""刘（师培）氏说真类的字有'抽引上穿'及'联引'的意思。"（《中国诗学·设计篇》）

《别董大·其一》一、二句，视线一直在天空；三、四句，目光投向未来。用真类字为韵脚，与诗的视角是谐适的。

千里黄云，昏黄落日，风中的大雁，纷纷的雪，黯淡着人的眼。风的寒、雪的冰刺激着触觉，风声、雪声、心碎的雁声缠绕着听觉。短短十二字，借着眼耳体肤等感官意象的刺激，从身体一直冷到心里。

目光走也走不出的千里黄云啊，耳朵赶也赶不走的风号雪呼雁悲鸣。但在这凄苦里，你且看诗人的姿态。他一直是昂着头的，看天看云看落日，看着大雁朝南飞。

"莫愁前路无知己，天下谁人不识君"，更是一种昂头的姿态。哪怕冷到骨髓，也要用一颗心来暖热；哪怕跌到谷底，也要站立起来。

昂起头来，生命的春天，就在不远处。

二

我给六年级的孩子讲高适的流浪飘零，讲他与董大的"今日相逢无酒钱"，讲盛唐，讲"有唐以来，诗人中之达者，唯适而已"。

浓缩的诗歌铺陈成故事，古老的文字转为切近的生活，从而与己关联。这是吟诗时的情感之源。

陈琴老师的吟诵，非常缓慢。吟诵让汉字的"声象乎义"的特点得以放大。

深喉音"云"的"宽宏演漾"，与黄云千里恰相切合。宽泛外放的唇音"风"，重叠的"纷纷"，让呼啸之声，吹刮而来。入声"白日""雪"，气收斩然，凛冽往外透。入声的"莫""不识"，顿挫有力，仿佛能驱散黄云，点燃落日，吹暖风雪，让大雁不惧飞雪使劲飞。

悲凉中不乏温暖的一首诗。"东真韵宽平"，用韵之中，已显逆境中的平和之态。

身体的律动里,轻轻的吟诵里,孩子们享受着这舒徐的旋律。对于诗中深刻的含义,他们不懂,也不需要懂。

　　但也许在生命中的某一天,这样的声音会突然蹦出来,让他们在低谷中,昂起头来。而诗,也将成为他们生命的一部分。

幸福一日

江畔独步寻花

（唐）杜甫

```
－  │  │  │  │  │  ——
黄  四  娘  家  花  满  蹊，
－  │  │  │  ！  －  ——
千  朵  万  朵  压  枝  低。
－  ——  │  ！  －  －  │
留  连  戏  蝶  时  时  舞，
│  │  －  │  ！  ！  ——
自  在  娇  莺  恰  恰  啼。
```

一

第一、二句，"满"字之后，"千朵万朵"复叠，再加上极富画面感的"压枝低"，没有色彩的描写，但满眼绚丽；第三句，静的花和动的蝶，有图像，且有香味，淡淡花香，甚至有暖暖微风，从纸墨尽处飘出；第四句，感官继续开启，莺声绕耳，余韵无穷。

生命在这样的滋润里，幸福，满足。

御田说："花儿好多好多，把树枝都压弯了。"

迈萱说："蝴蝶被花香吸引过来了，围着花儿在跳舞。"

雄飞说："黄莺在叫。"

孩子们发出"恰恰""恰恰""恰恰"的应和声。

韩硕说："诗人站在黄四娘家。"

二年级的孩子，还不懂"蹊"是"小路"的意思，韩硕是想说："诗人站在黄四娘家的小路上，看着，听着，舍不得离开。"

圆长的牙音"家"，透出安稳静好的气息。饱经离乱的诗人，对家，有更深刻的感受。"留连"，双声，且是上扬的阳平，飞扬的是蝶，也是诗人。"时时"两个叠字，加上"舒徐和软"的"舞"，写出蝶的轻盈可爱之态。"自在"，双声，且是"清而远"的去声，加上尖细的齿音"恰恰"，让莺啼清晰入耳。

叠韵与双声的字，让句子充盈着音响的美，而春日美景，闲适而愉悦的心境，独步寻花的乐趣，弥漫于字句之间。

这是沧桑人生中的幸福一日。诗人用足够的悠闲，从容感受着春日的温暖。

程滨老师的吟，最让孩子们开心的是"恰恰"。他们着迷地模仿着这极像莺啼的"恰恰"之声。

第一句用稍快的节奏，表现诗人看到"花满蹊"时的惊喜，"蹊"没有像一般押韵的尾字那样拉长，紧接着就吟第二句句首的"千"，孩子们的反应总是慢了一些。三、四句的速度明显地慢下来，留连，陶醉。虽然吟诵的调子对孩子们来说偏低了些，但在逐渐把握快与慢的节奏的交替里，在"时时舞"与"恰恰啼"的欢喜里，孩子们如绽放在小路旁的花，与蝶戏，听莺啼。

这是孩子们的幸福一日。

手舞的风景

一

"鸣"的怡然,"上"的飘逸,"含"的静谧,"泊"的安适,四个镜头,绾合出一个"闲"字。

两个黄鹂鸣翠柳——一大片翠柳的映衬下,两只黄鹂有耸动心目的明艳。热闹的不仅是颜色,更是声音。

一行白鹭上青天——澄明,空远。具有活动力的画面,让意象如在目前。"色彩有对比,可以使景物亮丽加倍;色彩有调和,可以令感觉柔软混成。"(《中国诗学·设计篇》)黄的秀,翠的艳,照人眼目;白的纯,青的雅,内心一片清明。

"千秋雪"是一个转折,色调和温度骤然变冷,与之前的明艳清新形成悬绝的对比。"千秋雪",让"致君尧舜""窃比稷契"的诗人高洁的心,有了具象的呈现。

"万里",显示路途之迢递。乱世复归平安,才有从东吴而来的船。

画面一直在移动。从近处的黄鹂、翠柳到高处的白鹭、青天;从极远处的西岭,收目于门前的泊船。而"万里"二字,又将空间扩散开去,令诗人的目光投向远方的故乡。

浓凝的诗句,却花了一半笔墨在写鸟。诗人的目光,为何总与鸟相交会?

此时的诗人,暂寄草堂。虽只五十出头,但已"行步欹危"。

"朝扣富儿门,暮随肥马尘",已不是他愿意选择的生活;"麻鞋见天子,衣袖露两肘",终成过往。"万里船",如何不牵痛人未老身已衰的漂泊者的心?

一面是对客居生活的眷恋,一面却是对千万里外的家乡的想念。欢愉惬意中,有轻轻的叹息。

客居之人,渴盼如鸟一般,自由来去。

二(3)班和六(4)班,每周同吟一首诗,同唱一首"歌"。

"两个黄鹂鸣翠柳,一行白鹭上青天。"浅显如现代文字,不必多说,孩子们自能明白。"窗含西岭千秋雪",得从成都西南的岷山说起。"窗户像一个画框,框住了西岭千年的白雪。"六(4)班的孩子如是说。"门泊东吴万里船",从安史之乱讲到交通的阻滞,再看地图。当孩子们用视线在成都与南京之间"划"出一条线时,有孩子在嚷:"襄阳,襄阳。"那是诗人的家乡,就在这条畅通的水路附近。孩子们说:"杜甫想家了。"

跟程滨老师学吟。第一句,是四句中节奏最快的一句,手势的紧凑舞动,恰传达出黄鹂鸣叫的欢愉。第二句,节奏明显慢下来,手势也随之舒缓,恰如一行白鹭上青天。在手的舞动中,教师眼前蓦然出现那白色的鸟儿,在自家门前的田野上优雅飞过的身影。如果不是吟诵,如果没有手势的激荡,我们如何能发现声音中的这个秘密?

风景,在手上舞动。

这是一直向儿童靠拢,一直坚守一间教室的看云,以一颗母亲的心,在古老的吟诵和现代的儿童之间,在抽象的韵律和具象的画面之间,搭起的一座桥。

心头的记忆

竹枝词

（唐）刘禹锡

－	｜	－	－	－	｜	—
杨	柳	青	青	江	水	平，

－	－	－	｜	｜	—	—
闻	郎	江	上	唱	歌	声。

－	－	！	！	－	—	｜
东	边	日	出	西	边	雨，

｜	｜	－	—	！	｜	—
道	是	无	晴	却	有	晴。

一

"东边""西边""无晴""有晴"，往复回环，正表现出郎踏歌之情，颇费猜想之意。诗歌中仅有的三个入声字，含着东方含蓄的情意，"日出"强调着"有晴"，与"却"的顿挫正相呼应，揭示出"有情"的谜底。诗中多舌齿间字，有"轻盈娇稚"的韵味，烘托出朦胧浪漫的气氛。

二

我们先带孩子了解"竹枝词"。

"在四川的东部,有一种民歌,叫'竹枝词'。大家会边唱边舞,用鼓或笛子伴奏。"雄飞已兴致勃勃做出吹笛的动作。

带孩子们读"刘禹锡"。

"读过刘禹锡的诗吗?"

只有楚胜和欣玥举手,读的就是这首《竹枝词》。

"刘禹锡在夔州担任刺史的时候,经常听到人们唱这种歌谣。他特别喜欢,就依照这种歌谣的曲调写了好多首歌词。我们今天学的,就是其中的第六首。"

古老的诗歌,哪怕清浅如民歌,离孩子也是有距离的。教师能为他们做的,便是拂去时间的尘埃。散文式的语言,冲淡了诗的味道,却让孩子心生温暖。故事讲述的方式,更能让诗歌与孩子产生连接。

"江边有好多青青的柳树。这些柳树啊,和我们学校小池塘边的柳树一样美。"宇翔点点头,好像真的看见了这些柳树一样。江边的故事因"杨柳"的关联而鲜活。

这是星期二,二(3)班的课。

三

星期三第二节,六(4)班的课。

"东边日出——"

"有晴。"

"西边雨——"

"无晴。"

师生对答中，男孩变声的嗓子，让全班的声音有些低沉，也增加了几分厚重和力量。

"'晴'与'情'谐音。"教师在黑板上写下"情"字。没有一个孩子发出怪怪的笑声。这是一班可爱的孩子。

播放姜嘉锵先生演唱的《竹枝词》。

如水般流畅的钢琴伴奏下，声音承载着歌者的深情，如轻风，拂过教室。

进入声音，进入千年前杨柳青青的江畔。

杨柳青青——江水平——
闻郎——江上唱歌——声——
东边——日！出！西边——雨
道是无晴——却！有晴——
道是无晴——却！有——晴——

最后一句的重复里，"有"字的声音长到时间似乎静止了。不习惯等待的孩子们，急急地要唱出那一个"晴"字。但是，心是喜欢这慢的。这慢慢的、柔柔的、如烟如雾如梦如幻的咏唱，如水般漫过孩子们的心田，又像云朵一样飘过孩子们的天空。

孩子的周遭，已经越来越听不到这样美丽的声音了。四句话，反复三遍，简单的重复里有细微的变化，有缓慢的推进。处在资讯满溢的世界里，从小就被充满的孩子，需要这样的简单来沉淀。习惯于向外观看的孩子，需要这样的诗歌和音乐，走向自己的内心，触碰到生命深处的喜悦与幸福。

满曲都是水的感觉啊！一遍又一遍地聆听，跟唱，一遍又一遍走向诗歌与音乐背后更细微的期待，盼望。

一种不易察觉的温暖在空气中氤氲着。

这是孩子们心头的记忆。

旧时王谢堂前燕

乌衣巷

（唐）刘禹锡

-	ǀ	-	-	ǀ	ǀ	—
朱	雀	桥	边	野	草	花，

-	—	ǀ	ǀ	ǀ	-	—
乌	衣	巷	口	夕	阳	斜。

ǀ	—	-	ǀ	-	—	ǀ
旧	时	王	谢	堂	前	燕，

-	ǀ	-	-	ǀ	ǀ	—
飞	入	寻	常	百	姓	家。

"野草花"无言，"夕阳斜"无声，静寂里的朱雀桥与乌衣巷，更觉荒凉。飞入百姓家的"堂前燕"，是岁月的一个苍凉的手势。

黄永武在《中国诗学·设计篇》中写道：

> 四句诗只像在描绘空间的景色，如果没有第三句的"旧时"，更像在描绘眼前的实景，其实朱雀桥边、乌衣巷口，都是指旧时佳丽之地。如今第宅丘墟，眼前惟有野花夕阳。所以首两句，表

面上是写空间景物，骨子里全是抚今追昔的感触，却不曾丝毫透露。下面两句说眼前的燕子，仍是旧时王谢堂前的燕子；但旧时的王谢堂，已换作寻常的百姓家了！

刘禹锡的金陵怀古诗中，还有《石头城》。"山围故国周遭在，潮打空城寂寞回。淮水东边旧时月，夜深还过女墙来。"

乌衣巷中，有情燕子，对语呢喃；淮水东边，无情明月，清辉依旧。但人事全非，弦歌丝竹已逝，富贵与豪华灰飞烟灭。

二

南京，是一个叠映着太多故事与记忆的城市。走在主干粗大、枝干繁多的梧桐树下，脑海里堆满了关于这座城市的意象。乌衣巷，已是商铺与食肆鳞次栉比的一条街。万千的游客在朝阳与夕阳里，跨过朱雀桥。暮色四合，街灯亮起的时候，我来到了乌衣巷。大红灯笼在簇新的白墙上高高挂，人来车往，喧闹繁华。

热闹只是乌衣巷的表象，它的骨子里是苍凉。心深处的叹息，来自刘禹锡的《乌衣巷》。

三

黄永武在《中国诗学·设计篇》中写道：

全诗忽今忽昔、忽实忽虚，时空错综得不着痕迹，表面看来还像一幅幽静的风景画，其间情积意满，多少兴衰无常之感，低回沉痛之思，简直要喷薄出来了。

怎么给孩子们讲无常？华屋山丘、桑田沧海之感，是能讲能教的吗?

认认真真带孩子们吟诗吧。不奢望将岁月做的事,揽入在生命长河中不足一瞬的一堂课中。

四

"我们长沙有湘江河,而在南京,有一条河叫秦淮河。"从"湘江"说起,"秦淮河"的陌生感才不会那样强烈。

"走过秦淮河上的朱雀桥,就到了乌衣巷。这个巷子啊,原来是一些士兵住的地方。猜猜,这些士兵最喜欢穿什么颜色的衣服?"

"绿色""蓝色""黄色""白色"。七八岁的孩子,热衷着猜谜的游戏。

"他们呀,最喜欢穿的是——"教师短暂的停顿后,揭示谜底,"他们最喜欢穿的是黑色的衣服。"

"啊!"

"喜欢穿黑衣服的士兵。"

"乌衣,就是黑色的衣服。"

"所以,这条巷子叫乌衣巷。"当教师在"乌衣巷"的"乌衣"下画出红线的同时,义滔带着发现的喜悦在喊。

"后来,这条巷子成了王导、谢安这些豪门贵族居住的地方,繁华而热闹。"

"四百多年过去了,当诗人来到乌衣巷的时候,乌衣巷变成什么样子了呢?"

慢慢地讲啊,慢慢地带孩子们走到乌衣巷。

诵诗数遍,听吟。但二(3)班的孩子已迫不及待地跟随徐老师吟起来了。平长仄短,入声顿挫,押韵的尾字要拉长,这些吟诵的基本规则,在徐老师的声音里有最为直观的表现。

整首诗吟诵缓慢，拉长的字长至三到四拍。"野花""夕阳"这些具有象征意义的意象在悠长的声音里得以特别的强调。诗人的感慨，吟者的感悟，从声音中升起。这声音牵引着孩子们，走过朱雀桥，来到乌衣巷，看旧时王谢堂前燕，飞入寻常百姓家。

经由声音，孩子们体验到了什么？

侯景程用黑色来表达自己"好冷"的感受。黑色的野花，黑色的燕子，连左上角的光线也是黑色的，冷清到压抑。韩烁也用了大片黑色，但温暖从蓝色的云朵与红色的夕阳中透出来。楚胜画的乌衣巷，封闭的拱门里，是一棵掉光了叶子的树，寂寥、凄清从画面之外涌出来。

诗中开口度大，声音更为响亮的字——桥、草、花、阳，在孩子们的画中有更鲜明的呈现。

声音中传达的情感，孩子们体验到了。

五

吟诵让诗歌与音乐融为一体。声音携带着诗人或隐微或显明的情感，携带着吟诵者心灵的感悟，以适合儿童的方式，带领儿童更深地进入诗歌。

为一片叶停留

山 行

（唐）杜牧

| | － － ！ | －
远 上 寒 山 石 径 斜，
！ － － | | － －
白 云 生 处 有 人 家。
－ － | | | － |
停 车 坐 爱 枫 林 晚，
－ ！ － | ！ －
霜 叶 红 于 二 月 花。

一

"山行，唐，杜牧"，刚在黑板上写出这些，罗楚凡、刘沐阳便开始了背诵："远上寒山石径斜，白云生处有人家。"

诗琦把打开的语文书递到我眼前："第四课，第四课。"

曾经学习过的第四课《山行》，让孩子们有看到老朋友的激动。更多的孩子加入进来："停车坐爱枫林晚，霜叶红于二月花。"

个子小小的炜涵从一群孩子中挤过来，轻轻问正忙着用红粉笔标平仄符号的教师："老师，放光盘吗？"

做眼保健操的铃声响了。韩烁忍不住要睁开眼睛，看着黑板上的平仄符号，舞动着。

开课即诵诗。用"轻风一样的声音""把我的声音藏在大家的声音里"，这样的诵和吟，才不会变成比拼嗓音的喊叫。

诵诗三遍，跟戴学忱先生学吟。"远上寒山"的画面自声音中飘出，"停车"二字后短暂的停歇，让人把目光从蜿蜒山路中收回。"枫林"的"枫"，通过延宕和高音加以强调，透出夕阳光照下的枫林，带给诗人的惊喜。第四句的节奏明显慢下来，有着浓浓抒情味道的"花"，仿佛深深的感叹。

吟诗数遍，教师领二（3）班的孩子走向室外，漫步在冬天的校园里。

石榴树的叶子一片都不剩了，只有细细光光的树枝。绿叶、红花，一伸手即可碰到的石榴，已成记忆。

转弯，是一排高高的樟树。孩子们仰着头，绿叶映着他们亮亮的眼。崇源发现，绿叶中也藏着一些干枯的叶子。小鸟在枝叶间穿梭。梓屹和望华争论着，樟树上是不是有一个鸟窝。

成蹊亭前的柳树，懒于梳妆。亭前的池塘散落着柳叶，小红鱼在悠闲地游。亭后的池塘漂着栾树叶，孩子们找了半天，一条鱼都没有。桃李园里，有两株红枫。伊阳说："它们都冷得缩成一团了。"她说的是红枫的叶子，深红的叶子已经皱缩起来。

科技楼前，看栾树淡黄的叶在风中舞。一片细细的叶子在黄迈萱的粉色棉袄上停了一下，躺在了冰凉的瓷砖地上。秋天，它的小黄碎花，常常落在我们的头上、身上。

踏上走向百草园的台阶，孩子们就欢呼起来。

枇杷树下是丛生的水栀子，茶树下是一地的紫竹梅。红枫的叶睡在鸢尾怀里，干枯的叶，摸上去"沙沙"地响。木耳菜沿着架子往上爬，绿叶上有虫蛀的小黄点。

小叶麦冬里,明日菜露出脸来。一个高个子女孩曾告诉我,这种菜生命力特别旺盛,据说叶子被扯掉后,第二天便会长出来。

红花葱兰和石蒜后面,是已经倒伏下来的迎春。美人蕉旁是滴水观音和吊兰。大片的海芋边是成丛的四季桂。孩子们闻了闻,说黄色的小花几乎没有香味。樟树、棕榈,枝叶相牵。桂树下是一片疯长的野草。

八角金盘的叶像巨人的手掌。"八角金盘的叶子有九片。"欣玥的发现让好多孩子围着大大的叶子数起来。

"一,二,三,四,五,六……"声音聚拢来了,"七,八,九。""哇,八角金盘的叶子真的有九片!"

盆栽的仙人掌隐在大花栀子之下,带刺的月季花苞紧闭。如伞的红叶石楠边是决明子树,像长豆角的决明子引来孩子们欢喜的叫喊。

金丝桃只剩下狭长的叶,有着金丝般花蕊的花,是它上一季的梦。棣棠一大片一大片,挤得金边七里香好像要喘不过气来了。

菜地上羽衣甘蓝、紫甘蓝是稀疏的,小白菜和娃娃菜刚冒出头来,冬苋菜和大蒜已经可以吃了。乐祥、天成在菜地里找蜗牛。乐祥把一个极小的壳举到我眼前,说:"老师,看。"蜗牛早已瑟缩到壳里去了。

周三第二节,六(4)班的孩子学吟《山行》。

"在寒山的一片萧索之中,诗人把目光投向了枫林。独绚于秋光中的霜叶,有着艳李秾桃所没有经历过的风劲霜严的历练。让我们再细细地品,好好地吟,感受第四句的味道。"因着教师的提醒,孩子们更用心地听与吟。

"上一周的冬游，行车途中，游览的间隙，多少人在忙着玩电子游戏。科幻片中的机器人统治世界，其实一点都不虚幻。一颗在童年时就被机器锁住的心，长大后更难以摆脱机器的控制。"

孩子们凝视教师的眼神中，有了思考。

"诗人停下车来，只为那一片枫林。我们会为一片叶、一朵花、一棵树而停留吗？当我们的眼和心被电子产品填满，我们还有空间给大自然吗？"

为孩子们朗读苇岸的《大地上的事情》。

秋天，大地上到处都是果实，它们露出善良的面孔，等待着来自任何一方的采取。每到这个季节，我便难于平静，我不能不为在这世上永不绝迹的崇高所感动，我应当走到土地里面去看看，我应该和所有的人一道去得到陶冶和启迪。

有一个声音在跟随。

我知道，这是我儿子的声音。他曾经连续二十多天，每天朗读一遍。时间的流里，记忆沉淀。

太阳的光芒普照原野，依然热烈。大地明亮，它敞着门，为一切健康的生命。此刻，万物的声音在大地上汇聚，它们要讲述一生的事情，它们要抢在冬天到来之前，把心内深藏已久的歌全部唱完。

当电子产品越来越深入孩子们的生活，带孩子们去倾听季节的歌唱、万物的声音，是一件多么重要的事情。

吉尔伯特・蔡尔兹在《做适合人的教育》中写道：

以智力形式获得抽象知识并不能唤起情感。

教师应当用全部时间把教材和人联系起来，这种方法几乎足够保证提起学生的兴趣，当事情与人有关时最容易激发孩子们的情感，这样就会产生积极的教学效果。

吟诗，户外活动，朗读，都旨在引发孩子为一片叶停留，为大自然停留的生命态度。

四

让一个孩子真正走向大自然的，是与大自然血肉相连的记忆。

向着儿童那方

蜂

（唐）罗隐

！	—	-	｜	｜	—	—
不	论	平	地	与	山	尖，

—	｜	-	—	｜	｜	—
无	限	风	光	尽	被	占。

｜	！	！	｜	-	！	｜
采	得	百	花	成	蜜	后，

｜	—	-	｜	｜	—	—
为	谁	辛	苦	为	谁	甜。

一

罗隐以蜂为喻，将其阅世之深透，发为犀利的文字，以其彻悟来悟人。

"韵脚'尖''占''甜'古时韵脚为闭口音 m。"（《我爱吟诵》）唇音"m"的宽泛，加上韵尾的拉长，于第一、二句，是用声音描摹出蜜蜂领地之广与阔，于第四句，则在闭口之时，蕴"为谁辛苦为谁甜"的感慨于其中。

前三句是第四句之铺垫。"不论平地与山尖""无限风光尽被占""采得百花成蜜后",是概括的,也是模糊的。没有具象画面的古诗,于古老的文字之外,又添一重门槛。"为谁辛苦为谁甜"的领悟,则需要人生的积淀。

对于儿童来说,这首诗的教学,重点不应是感受诗的"寓意"。但具体该如何教,颇费踌躇。

开课,二(3)班即跟随徐健顺老师学吟。节奏平稳的调子,让每一个字在声音中有最清晰的表露。

之后,学唱《小蜜蜂》。

有一　只　　　小蜜　蜂,　飞到　西来　飞到　东。
嗡嗡　嗡嗡　　嗡嗡　嗡嗡,不怕　雨也　不　怕风。
嗡嗡　嗡嗡　　嗡嗡　嗡嗡,不怕　雨也　不　怕风。

这首歌来自很久以前的动画片《小蜜蜂寻亲记》。歌曲的完整版应是"自立自强有信心,刻苦操劳勤作工,万里寻母不怕难,消灭敌人最英勇,最英勇。啦啦啦,有恒一定会成功"。没有故事背景作依托,我便删除了这几句,改为重复最后一句。

第一遍教师唱,第二遍教师领孩子们唱,第三遍孩子们就可以自己唱了。教室已成"平地"与"山尖",小蜜蜂啊,"飞到西来飞到东"。"嗡嗡嗡嗡",小翅膀拍得像风扇。"不怕雨也不怕风",一个鼓足腮帮吹大风,另一个不惧风雨,昂首向前。

小蜜蜂的勇敢与顽强,和孩子们身体中向上的力量相融合。满教室的孩子,"飞"起来了。

静的吟诵与动的歌曲,是输入孩子身体的不同的力量,它们如两股小溪,汇聚在了一起,满足着孩子的成长。

三

最后 15 分钟，孩子们画画：如果你是一只小蜜蜂，你喜欢过什么样的生活？

楚凡是花儿仰望、蜂儿簇拥的蜜蜂王子，柏合不惧大风去采蜜，"我希望过劳动的生活"的靖凡，采蜜真快乐。迈萱、怀絮，好朋友在一起好开心。翅膀上有花朵的是怀絮，戴着小皇冠的是迈萱自己。

沐阳，蜜蜂与花儿，相偎而笑。伊阳，太阳与蜜蜂，笑开了怀。

一苇的画中,有发出匀称鼾声、做着甜甜美梦的小蜜蜂。佳樾的蜜蜂王国,已迈入 21 世纪。

诗琦的四格画是对《蜂》前三句的诠释。蜂儿们忙碌又开心,没有"为谁辛苦为谁甜"的不平之气。

对于与环境还没有分离开来的二年级孩子来说，孩子是蜂，蜂是孩子。微笑着的眯眯的眼，几乎在所有孩子的画中出现。这是被安全与温暖包裹的孩子才会有的感觉。这感觉，是未来"不怕雨也不怕风"的源泉。

四

六年级的课上，仍然不会讨论"为谁辛苦为谁甜"。没有生活为根基的讨论，是无根的花草，热闹之后便会萎谢。

学吟之后，给孩子们朗读《小牛顿科学馆》中的《虎头蜂》。

《小牛顿科学馆》，画面足够大，方便照顾到后排的孩子；图画逼真，于城市的孩子来说，真实的印象是非常重要的；第一人称"我"的叙述方法，能更快引起孩子们的共鸣。

没有用投影，教师举起书，翻页，硕大的虎头蜂，"嗡嗡"向孩子们飞来。教室里"哇"声一片，见"蜂"而色变。透明的卵与幼虫让孩子们倍觉新奇；幼虫和蛹的样子，逼真得有些惊心，几个女孩蒙上了眼睛。

"一天要采一万朵花。"

"难怪它要飞遍平地与山尖。"

工蜂的勤劳是孩子们所熟知的，但工蜂之中有地位之分，很多孩子是第一次听到："当地位较低的蜂遇到地位较高的蜂时，往往动也不敢动；而地位较高的蜂则可以向地位较低的蜂强行索取食物。"

当放大的螫针出现时，坐在第一排的孩子把身体往后靠，仿佛感到了针的刺痛。冒险摘蜂巢的养蜂人，让孩子们知道超市货架上的蜂蜜，采来并不容易。

最后几分钟，给孩子们看《神奇校车·奇妙的蜂巢》的封面，看穿着古怪的弗瑞思小姐。《神奇校车》,大图周边附的若干小图,更适合让孩子们自己阅读,寻找书中的秘密。这一本,就留给孩子们课后去读吧。

五

相信岁月,相信孩子总会长大,相信"为谁辛苦为谁甜"的个中滋味,孩子终将在某一个时刻某一个地点有切身的体验,教师自不会为了"为谁辛苦为谁甜"而耿耿于怀,自不会步步为营诱导出最后的答案——这样的答案,如六月天洒在水泥地上的几滴水,转瞬将消失在空气中。

罗隐的《蜂》,是抛入池中的那颗石子,荡起层层涟漪。吟诵,作为儿童阅读这棵大树上的一片叶,在叶与叶的对望、絮语中,拥有了更多的生机与活力。

"所有的艺术实践都趋向完美"。实践,终将走向完美,终将帮助"孩子们'慢慢地'长入这个世界"。

向着儿童那方,便是向着明亮那方。儿童会告诉教师,光的来处。

公鸡一叫天亮喽

画 鸡

（明）唐寅

- | - — ! | ——
头 上 红 冠 不 用 裁，
| - ! ! | — —
满 身 雪 白 走 将 来。
- ! | - — |
平 生 不 敢 轻 言 语，
! | - — | | ——
一 叫 千 门 万 户 开。

一

诗中多韵腹为"a"的字，声音响亮。"走将——来——"三字，用声音描摹出步伐的沉稳与有力。"将"发音时舌根与软腭相接，节制住外出的气流，这蓄积的气流，让"来"字有了高昂的呈现。"一"的顿挫，"叫"的震耳，让千门万户为之而开。深远的"灰"韵里，领袖天下的气魄，不需分析与阐述，从声音中便能直接体验。

二

二（3）班的课，孩子们边舞边跟徐健顺老师学吟。

"把力量用到指尖，看谁的手先热起来。"在教师的鼓动和示范下，更因为吟诵中自有的一股精气神，孩子们的手势不再绵软。

走下讲台，握握佳樾的手。

"老师的手好暖和啊！"

好几个孩子把手伸向我："老师，我的手也好热。"

毛线帽，摘下来了；绒手套，取掉了。寒冷，在指尖融化。

冷风敲着窗，想溜进二楼的这间教室，暖暖身子。

吟诵之后，看白石老人的《七鸡图》。画面最上方，便是那只"一叫千门万户开"的威武雄壮的大公鸡。

没有任何背景的水墨画，用色极为简单。在红色与黄色，浓墨与淡墨的自如运用之间，在红红鸡冠和长长尾翎的夸张表现里，缺乏乡村生活经验的城市孩子，由诗歌产生的想象，从模糊走向清晰。

最后，给孩子们讲述《公鸡一叫天亮喽》。

哈尼族人的这个神话，故事的前半段，和《羿射九日》的情节大致相同。

"但是，第二天，当大家一觉醒来，却吃惊地发现太阳没有出来，天地间一片漆黑。"

骄傲的黄莺、画眉，没有让太阳露出脸来。

"大公鸡被请来了，他扬起脖子，挺着胸膛，对着山头谦逊地叫道：'勇敢的太阳听我说，勇敢的太阳跟我来'。"

"躲在大山背后的太阳，觉得这声音虽然不是最好听的，但是却充满了真诚、热情和坦率。他的心被感动了，想探出头来看看是谁在跟他说话,可是想到其他太阳被射下来的情景,心里又实在害怕。"

没有拿着书照着文字念,我要离开书,讲述给孩子们听。当一个教师,给一班的孩子讲述过故事之后,她便无法不迷恋讲述。

面对面的讲述,让故事拥有了更强大的力量。

"勇敢的太阳听我说,勇敢的太阳跟我来。"

"勤快的太阳听我说,勤快的太阳跟我来。"

"温暖的太阳听我说,温暖的太阳跟我来。"

反复,让孩子们更深地进入故事。

大公鸡,大公鸡的小鸟朋友,还有教室里的孩子们,一起呼唤太阳。

"温暖的太阳听我说,温暖的太阳跟我来。"

"太阳觉得大公鸡、小鸟,还有我们二(3)班的小朋友,呼唤他的声音好亲切,他相信现在出来不会再有危险了。他鼓足了勇气,从大山背后探出又圆又红的脸来。"

"一刹那间,整个天地又充满了光明和温暖。"

太阳的光,也照进了孩子们的眼睛里。他们要用掌声,要用"吔"和剪刀手,来欢迎探出脸来的太阳。

大公鸡的啼叫里,少了些个人的居高临下,多了些与世界协调合作的温暖。而后者,对于六个大人捧着长大的独生子女来说,更为重要。

熏 染

江 雪

（唐）柳宗元

千山鸟飞绝,

万径人踪灭。

孤舟蓑笠翁,

独钓寒江雪。

一

1月5日，农历十一月二十四，小寒，星城的第一场雪，在清晨上学的孩子惊呼而至喧闹的声音中，覆满全城。

雪球与欢叫齐飞，操场已成"战场"。身着各色羽绒服的孩子，是雪地上的花。

这一天补上元旦的课。第二节，六（4）班的孩子学吟《江雪》。

诗的画面是极端的、绝对的静。每句皆有入声字，二十字的诗中有五个入声:"绝""灭""笠""独""雪"。声音如被缰绳时时勒住的马,极不畅快。舌在低处后方,气流被塞住,骤然收住的短促入声,仿佛行驶中不时的急刹车,令人难受。

边舞边吟,让孩子从声音,也用身体充分感受语言的韵律。吟诵进入今天的课堂,应该重在这样的熏染与陶冶。如果重在对格律懂得有多深,那必将在孩子身上,再缠上一道绳索。

"雪,铺满千山、万径,让鸟飞绝,人踪灭。从千山万径的寂寞空廓,聚焦于在冰天雪地中独钓的蓑笠翁,画面在逐渐移近,定格于特写。被贬到荒远永州的柳宗元,他眼中的绝灭冬景,让人从身体直冷到骨髓。这是柳宗元笔下的雪。我们笔下的雪会是怎样的呢?"

我和六(4)班的孩子一起,走过冬日的校园。孩子们要的其实并不多,看看大雪覆盖的校园,倾听踩在冰上"咯吱"的响声,便很开心。冬日校园的细节,此时如此清晰地进入孩子的眼中。

"小池塘里结了一层厚厚的冰,石头上也铺满了雪。桃李园里有一棵掉光了叶子的树,树干的底部完全被冻住了。"

"当我们的脚步踏过,冰碎了,发出'咔咔'的声音。我尽量在无冰的地方行走,说实话,我不想听到冰再次碎裂的声音。"

孩子们无法体验到生命里也铺满雪的柳宗元内心的寒冷,但与生活的连接,让他们感受到,纸面上的文字并不冰冷,文字中有着人的情感温度。千年前的诗歌并不遥远,它也是那时那刻那人那种情的定格。

孩子有迫切用他的整个生命来体验世界的愿望，这种愿望应当得到满足。吟诵、雪中行走、写雪，都是孩子体验世界的一条通道，也仅是其中的一条通道。"以儿童为中心设置课程"，一切一切，都是为了"使孩子的精神、心灵与身体达到和谐"。

第三辑

故事来了

老鼠　老鼠

早九点半,我开始在三班给八九岁的孩子们上课。

拿出于平、任凭的《老鼠　老鼠》,一大片亮黄色的封面上,扎着双髻、穿着花上衣花裤子、脚着细高跟鞋不怕扭伤脚的老鼠姑娘,"忙趁东风放纸鸢"。飞扬的五彩的风筝,飞扬的五彩的生命。

我想教孩子们的是《鼠的童谣》中的"小老鼠,上灯台,偷油吃,下不来;叫妈妈,妈不来,叽里咕噜滚下来"。

我翻页,中国剪纸的图画书让孩子们的目光紧紧跟随。我用英语给孩子们讲述故事:

A little mouse climbs to the lampstand.

He wants to eat the oil. But he can't come down.

He calls his mum. His mum can't come. Finally he falls down from the lampstand.

我慢慢地讲述,讲述一句就将图画书递到教室四面的孩子们眼前。孩子们看着中国剪纸所呈现的图画,眼神里满是惊喜。稳稳当当占据画面中心位置的灯台,燃烧着红红亮亮有如花苞的灯火;爬上灯台的小老鼠乐得手舞足蹈;掉下灯台的小老鼠头部与身子变成了红色,透出它四脚朝天时的紧张与惊恐。讲到"叫妈妈,妈不来"时,孩子们的眼里有失落的神情。这些日日有父母陪伴着的孩子,眼里的失落表露的是他们无法明白"叫妈妈",妈妈为何不来的疑虑。

故事讲述之后,我带着孩子们边拍手边用中文念童谣。在兴致高昂的拍手中,童谣的韵律与节奏让语言的隔膜消融。念到"叽里咕噜"时,孩子们忍不住边念边笑。语言的生命力如此强大,这个我无法翻译成英文的词语,让孩子们念着念着便能想象出小老鼠滚落下来时的狼狈与滑稽。在馋嘴的小老鼠不顾一切、不计后果爬上高高的灯台饱餐之后,它望着灯台下,就如同望向悬崖般紧张。"叽里咕噜"透出的是小老鼠自己想办法从灯台上下来时的安然无恙。孩子们的担心在"叽里咕噜"里得以轻轻放下,心中的释然化成灿烂笑容。

顽皮的孩子啊,有几个没有小老鼠的馋嘴,有几个没有小老鼠这遇到危险便叫妈妈的恐慌,有几个没有有惊无险的小小冒险经历?这就是童谣。相似的经历,唤起的是孩子们内心对小老鼠的认同、喜爱。

拍手、跺脚边念边读之后,我让孩子们互相对拍击掌,这是我们小时候都玩过的击掌游戏。童谣原本就生长自游戏中、拍手中,童谣天然的游戏味道,让孩子们念了一遍又一遍,仍觉新奇、好玩。节奏感强的孩子们学得很快,稍弱一点的孩子,我便和她一起击掌练习。

念完童谣之后,听配有音乐的童谣。当板胡的声音刚一出来,孩子们就忍不住在板胡声里扭动起来。板胡的音乐极妙地传达出童谣的意韵,音乐的力量让孩子们的身体打开,在舞动中,孩子们活脱脱就是那一只只上灯台的小老鼠啊!

最后教孩子们"画"了一个"鼠"字。中国的文字原来就像图画,写得快的孩子还在"鼠"字下面画了一只小老鼠。

以我有限的英语水平,我没有办法把童谣的韵味翻译出来,但童谣的节奏、韵律让孩子们冲破语言的隔膜。同时,拍手、击掌与跺脚让孩子们在身体的打开中,自然地与童谣融为一体。

希望这样的剪纸,这样的童谣,这样的音乐,让中国的味道留在孩子们的记忆深处。

故事来了

因数学老师上研讨课,今天的阅读课改在了第三节。经过一场公开课的孩子们,注意力难以集中。一大组有两个男孩一直在折纸。

昨天准备了圆盘状的小蜡烛,请美术老师做了大红的方形灯罩。佳佳和玉玲看了《我爱吟诵》的封面后,找到了灵感。她们在方形灯罩左右两边画了图案做装饰,并细心地用纸搓成条,交叉放在灯罩上面,成为一个提手。我把蜡烛点燃,罩上灯罩。微弱的烛光被厚实的灯罩罩住了,在大白天根本感觉不到里面的光亮。我和她们俩商量,决定把灯罩两侧的红纸换成纱布,把纱布用颜料染成红色。灯罩的更换还得费一些时间,下次课再用吧。

上课了,我和孩子们约定好故事时间的"暗号"。

我说:"故事,故事!"孩子们说:"故事来了!"

调整好显示屏,把图画书《我的兔子朋友》放好。我说:"故事,故事!"孩子们兴高采烈地齐说:"故事来了!"如此三遍,原来躁动的孩子渐渐安静下来。在安静的气氛里,我拿起火柴盒,准备抽出火柴。一个孩子,两个孩子,好多个孩子,被这个陌生的小方盒吸引得站了起来。看到我擦火柴,坐在第一排的家丰有些害怕地把脸遮起来了。我轻轻地擦燃火柴,把蜡烛点上,孩子们发出"啊"的声音。他们可能是第一次看到火柴——这小小的棍子竟能点燃蜡烛。微弱的烛光不知被谁哈出的气熄灭了。再次擦火柴，点蜡烛，孩子们七嘴八舌地说着，几个孩子把小脸都凑到蜡烛边上来了。擦了两根火柴，终于把蜡烛点亮了。

把明晃晃的日光灯关掉，在暗下来的教室里，烛光摇曳着。我站在讲台上，等待着孩子们坐下来。

"故事，故事！"

"故事来了！"

《我的兔子朋友》来了。

封面上，凸版线条的兔子，充满了力量感，坐在机舱里的小老鼠回头望着手捧飞机的白兔，两个好朋友相视而笑。

前环衬，兔子把手张开，为坐在飞机上的老鼠欢呼。

"我是谁？""小老鼠。"从封面与前环衬，孩子们很容易就明白了。

串起整个故事的就是这架以黄色为主色调、饰以红色的飞机。暖暖的色调，恰如小老鼠和兔子的友情。在全是纯蓝的干净背景色里，故事在缓缓展开。对于年幼的孩子来说，简单的画面，单纯的色彩，更适合他们。

手握飞机的兔子把捧着的飞机奋力抛上去。半空中的老鼠惊恐无措，而飞机沿着一根黑色的虚线，到了哪里？

下一页，七拐八绕的粗重线条下，兔子双臂环抱着还捂着眼睛的老鼠，抬头望向大树枝丫间的飞机。

跳动的烛光里，我开始朗读："我的朋友兔子总是好心好意的。可是，不论他做什么，不论他去哪里——麻烦就会跟着来。"

"老鼠，别担心。我有办法！"老鼠仰颈呆望心爱的飞机之时，兔子已飞奔而去。

兔子满头大汗，拽着谁的尾巴在拖？兔子使出了吃奶的劲儿，孩子们也没闲着，喊着："加油！加油！"在孩子们的加油声中，大象出现了。虽然预料到兔子拽的东西会挺重，但是孩子们怎么也没料想到，兔子拽着的竟然是占据了一个跨页四分之三的大象。凸版线条勾勒的大象趴在草地上，山一样的大和重。孩子们惊呼："啊——"

"啊——"的声音从此时起，在教室里再也无法停下。

兔子用背顶着紧抓草地而不想动弹的犀牛。"大力士！"有孩子惊叹。"我"的兔子朋友，真的力大无穷。他手举河马、鹿、鳄鱼、熊、鸭子，比餐厅服务生举起盘子还要轻松。

最惊险的一幕出现了。原来横着看的书，现在得竖着看了。四只呱呱叫着的小鸭紧张地看着这架让人冒汗的"梯子"：大象背上趴着犀牛，长颈鹿踩在滴汗的鸭子背上，大熊、河马、鳄鱼在叠罗汉，小兔子站在鳄鱼背上，举起小松鼠。小松鼠想够到大树上的飞机……

每次看到这一页，就会想起《吹牛歌》："听我唱歌难上难，鸡蛋上面堆鸭蛋，鸭蛋上面堆酒坛，酒坛上面插竹竿，竹竿上面晒毛毯。"

这可不是吹牛啊，是真真实实的画面呢。

"兔子举起松鼠，松鼠举起我……可是，哎呀……"

教室里也是"哎呀"一片，烛光里，孩子们再也坐不住了，站了起来。在孩子们的担心里，出现的却是四只扑扇着翅膀四散而逃的鸭子。珺婷拍拍胸脯，长呼一口气。

可是下一页，全班的孩子不由自主齐发出一声"啊"——动物们全都摔落下来了。

惊魂未定的动物怒目圆瞪。闯祸的兔子在这群"巨人"的逼视下，显得那么弱小。

一个眼尖的小朋友喊："小老鼠来了。"

开着飞机的小老鼠出现在左上角，兔子抓住飞翔而过的飞机尾翼，逃脱了被逼视的困窘。

兔子抱着开飞机的老鼠，露出感激甜蜜的微笑。

"老鼠，谢谢你！"

"兔子，别抱着我！""我看不见啦！"

麻烦又来了，飞机卡在了树枝上，老鼠和兔子悬在了半空中。

"老鼠，别担心。我有办法！"

故事又回到开头，回到了起点。

封底，圆圈里，是老鼠和兔子活蹦乱跳的背影，两个好朋友不知有多开心。如果没有这个欢天喜地的结尾，孩子们又怎么放心得下悬在树上的两个朋友。

从之前感叹兔子力量惊人的"啊"，到为动物们摔倒在地的担心的"啊"，老鼠和兔子开心的背影让孩子的心情得到平复，惊讶与担心的情绪得到了释放。美好的结尾，让孩子获得满足与滋养。这就是苏珊·佩罗所说的，儿童故事一定要有"美好结尾"的黄金法则。故事的圆满，让孩子内心圆满。给予孩子这样温暖的友情，孩子将对这样忠诚的友情心生向往。

在孩子们呵呵的笑声里，我吹灭了蜡烛，说："故事结束了。"

"故事，故事""故事来了"是师生间的相互唤醒。蜡烛的点燃和熄灭，就像帷幕的拉开与关闭。我想用这种类似于仪式的程序，让孩子的心灵从正常的世界暂时脱离出来，进入到故事的世界里。这样的仪式，也是师生在课堂里看得到、听得到的韵律和节奏。

当里个当

点燃蜡烛。孩子们仿佛看到消息树倒下的儿童团员,抢着去关灯、关窗帘。前面的灯关了以后,显示屏上的图画书颜色变淡了,反而看不真切。我把讲台上的灯打开,《龙年的礼物》清晰地显现出来。

中国红的封面,龙身上的蓝色及像花一般的龙尾,让这条龙变得好亲切。台下大多是属蛇的孩子,也有几个大一些的孩子属龙。小龙和龙,聆听《龙年的礼物》。

昨天就将有快板书的两页复印给几个孩子,让他们准备今天的朗读。又跑到音乐组去借快板,快板没有,只有响板;几十个响板,竟然没有一个好用的,勉强挑出一个,凑合着打打节奏吧。翻到开篇的快板书,我告诉孩子们齐诵开头和结尾。

"当里个当,当里个当,当里个,当里个,当里个当。"节奏如此鲜明的句子,让教室的气氛由之前的宁静陡然变为高昂热闹。

泽宇开讲了:"月牙铜板拿手上,用手一敲当当响,大伙一听都知道,山东快书要开讲。"有生命力的语言,一读感觉自然就出来了。孩子们用十指轻叩着桌面,用手掌拍击着桌面,比我的响板声音好听多了。我停下了打响板,且让孩子们打节奏。叩击桌面的齐整的节奏声,是这个教室内的"同声相应",整个教室暖暖的。楷儒的"随俺一起说快书,随俺一起打当当"才落音,孩子们的"当里个当"便紧跟上来了。

和孩子们一起朗读《龙的民俗》。双脚交叉扭秧歌的闺女媳妇，卖力表演的舞龙大汉，迎风飞舞的大红灯笼，让龙年的气息扑面而来。蒸圣龙、打仓、引钱龙这些北方的旧俗，让南方的孩子倍觉新奇。读到"娃娃争吃香香豆，放的小屁满裤裆"，照例是要"嘿嘿"笑的。"二月二，剃龙头，望子成龙状元郎。"排着队剃龙头的孩子，放着龙头大风筝的孩子，吸引着更多的孩子加入到朗读当中来。对话框里游戏般的语句，游戏般的心态，让图画书异趣横生，稚拙的剪纸中透出生气来。

下一段，《黑龙江的传说》。六个小伙子上台讲快板书。川容、常睿、云舟一组，一多、星锐、央其一组。有之前的《龙的民俗》的暖场，有全班越打越稳的节奏相伴，台上的几个小伙子眼睛放光，越讲越带劲儿。"哎呀哎呀我的娘，这个故事咋这长？山东讲到黑龙江，要讲一宿到天亮。""小儿郎，别紧张，故事没有那么长，十几分钟就讲完，听完故事打当当。"

《黑龙江的传说》，我来讲，孩子们听。

"姐弟二人真命苦，从小没了爹和娘。"跨页的沉重大石磨，既体现了胶东村庄的特色，也预示着这个故事已迥异于《龙的民俗》的欢快喜庆。姐姐挑水、弟弟背柴的背影，雪地上两行孤独的脚印，这样的句子刚一念出，便有孩子发出同情的感叹。每日与父母相依相伴的孩子，最害怕的便是这样永久的分离。

"姐姐这才细端详，小龙透黑亮光光，姐姐已经不害怕，抱在怀里亲得慌。"看到小黑龙一边张开大嘴吃奶一边尿尿，孩子们笑了。沉重、紧张的情绪在温暖的画面中缓解。

"弟弟转身下了炕，拿来菜刀手中扬，只听咔嚓一声响，一条龙尾躺炕上。"不知哪个孩子发出"哎哟"一声。进入故事的孩子让剪纸的龙娃有了血肉，有了生命。断尾滴血的龙娃纵身一跃飞上窗之时，孩子们的心在不断往下沉。"黑龙落在江边上，望着秃尾把心伤，舅舅不愿要俺了，可俺还想俺的娘。"秃尾巴小黑龙呜呜哭着，没有家没了妈妈的小黑龙泪花四溅。教室里出奇的安静。

到黑龙与白龙大战江上，教室里的气氛才渐渐不再凝重。江边百姓把几大筐馒头抛进江中给黑龙吃的画面，让孩子们兴奋起来。在下课铃声中，我读完最后两页："龙娘每天门口望，盼着龙儿回家乡，盼了一年又一年，头发变白满头霜。""龙儿终于回了庄，飞在空中喊龙娘，龙娘挥手让儿去，让儿去保黑龙江。"

中午回家的路上，儿子问我："黑龙为什么不把妈妈接到自己的水晶宫去住呢？"如此，忠孝得以两全。

黑龙与娘团聚，这是孩子都渴盼的结尾啊！

流转起舞

跟孩子们相约好"故事,故事""故事来了"的"暗号"之后,我拿出火柴点燃蜡烛。五年级的孩子比一年级的孩子还好奇,有几个高个子男孩竟然一蹦蹦到了讲台上。

孩子们躁动起来。

"故事起源于人类最初的岁月里。在漫长的冬日的夜晚,孩子们围坐在篝火旁,安静地听老人讲故事。你们太吵了,会把故事吓跑的。"

有孩子把灯关掉,有孩子把窗帘拉下来。烛光在安静地绽放。

"故事,故事!"

"故事来了!"

今天给孩子们讲的是《光之公主》。

光之公主在花园里游戏、跳舞的时候,连花儿都转过头来,以为是太阳在发出灿烂的微笑。她美丽的笑容来自她内心的光芒。很多年以来,光之公主都和聪明公主快乐地一起玩耍。

可是,慢慢地,光之公主发现她的朋友——聪明公主——很多事情都比她做得好。聪明公主跑步比她快,画画比她美,游泳也比她好。

教室在此刻特别安静,这是孩子的内心与光之公主产生共鸣后的沉静。与光之公主一样,他们一定有"跑步比她快,画画比她美,游泳比她好"的同学。光之公主的故事成了孩子们自己的故事。

光之公主与聪明公主穿过暗礁,来到海豚跳舞玩耍的深海。该上岸的时候,聪明公主和光之公主比赛,谁最先离开深海,回到岸边。

看到自己的朋友又聪明又快,比自己强多了,光之公主又难过又生气。她越难过,越生气,游得就越慢。后来,她的胳膊和腿简直就不动了。

坐在第一排中间,那个在抽屉里鼓捣着的男孩停下来了,眼里满是担心。在五年的生活中,孩子也有过这样无助的时候吧?具有画面感的语言让这个男孩感同身受,专注起来。

故事被引入失衡的局面。

沉呀,沉呀,光之公主一直往下沉……沉向黑暗的海底……陷入一个深深的黑洞里了!

孩子们的心也跟着往下沉。

海豚出现了,"抓住我的尾巴,我要试试看能不能把你带回海面上去。但是你得蹬脚,跟我一起努力,不然咱俩肯定上不去"。

孩子们与光之公主一起"抓住"了海豚银色的尾巴,向上,向上,冲出水面。"她深深吸了一口气,给了海豚一个美丽的微笑。"这也是孩子们内心的微笑。

海豚告诉光之公主的秘密,也是故事深入孩子内心的"种子"。

当你难过或生气,不要失望也不要躲藏。
闪耀的光芒就在你的心房,

闪耀的光芒让你微笑又健康,
不管夜色多苍茫,乌云压头上,你都勇敢向前不彷徨。

从自卑到自信,光之公主的生活恢复了平衡。

"每当遇到困难,这个秘密总能帮助她顺利渡过难关。长大以后,她依然在花园玩耍,跳舞,而花儿也会转过头来,以为是太阳在发出灿烂的微笑。"光之公主勇敢地面对困难,给聆听故事的孩子带来希望和勇气。"十几岁的孩子——甚至成人——也需要偶尔,甚至经常,从美好的结尾中获得满足和滋养。"

每个孩子或多或少,都曾遭遇光之公主的困境。聆听故事的过程,也是故事让孩子们内心光芒越来越亮的过程。故事隐含的具有治疗作用的信息,如"水"般渗入孩子心田。

我已经无须画蛇添足再提出问题或是说教,点开班德瑞《梦花园》的第一曲——《流转起舞》,孩子们闭目静听。

让内心的光芒越来越亮,让我们在这光芒里,流转起舞。

重复的滋养
——第二次朗读《房子，再见》

这是我第二次给一（3）班的孩子读这本图画书。大家一起读了书名后，翻页进入图画书中。

画面上，熊爸爸、熊妈妈、小小熊，捧着家中的用品，走向搬家用的货车。

"等一下，我好像忘了什么东西。"小小熊说。

第二遍的讲述，老师更从容；第二遍的倾听，孩子更安静地倾听和吸纳。

搬家，对孩子来说，是一个重大的改变。孩子的生命，和房子是联系在一起的。每一处，都有孩子留下的记忆。这样的记忆，是安心的感觉和稳定的韵律。

小小熊在寻找。法兰克·艾许用漫画格的方式画出他在餐厅、厨房、客厅、浴室、所有的卧室、小阁楼和地下室找的过程。第二次的朗读里，孩子们可以更细致地看清楚图画的细节，感受小小熊失落的心情。

大大的房子，空空的房子，小小的熊。没有找到自己要找的东西的小小熊无助、失落，"叹了一口气"。

"小小熊开始幻想了。"东霖不待我翻页，已经"跳"入了下一页。

第二遍的朗读，让孩子不仅是一个倾听者，也是一个"讲述者,只是他们的"讲述"在心里。当他们心里的声音和老师的声音重叠的时候,重复的故事在滋养着孩子。

家具在记忆里一一复位,与房子长在一起的生活开始重现。

法兰克·艾许用虚线和实线、黑白和彩色、怅惘和欢欣的眼神的对比,使无比抽象的记忆鲜活起来。最温暖的是,熊爸爸始终将手搭在熊妈妈的肩上,熊爸爸和熊妈妈始终站在小小熊的身后。

熊爸爸、熊妈妈和小小熊站在空荡荡的房间里,把曾经的记忆"打包"。

熊爸爸抱起小小熊,小小熊搂着爸爸的脖子。生活的变化让小小熊心慌,爸爸的怀抱让小小熊心安。

"来吧,我们来说再见。"更多的孩子加入到图画书的朗读中来。

他们跟餐厅和楼梯说再见。他们跟卧室、走廊、天花板和墙壁说再见。他们跟小阁楼和地下室说再见。他们跟地板、门、窗户和厨房的料理台说再见。当他们跟后院里的每样东西都说了再见后,他们锁上前门,跟整栋房子说再见。

与这段话对应的,是长长的 11 个页面,大大小小 14 幅画。这样的慢节奏,是对小小熊之前的寻找的呼应,更是对小小熊空落落的心的疗伤。搬家对小小熊的冲击在慢慢平复。

线条极为简单的图画,情节极为简单的故事,对于喜欢稳定生活的孩子来说,传达的是极深的面对变化的力量。在变化越来越多越来越快的世界里,孩子们需要这样的图画书的滋养。

"当一个美丽的故事是由父亲、母亲和孩子一起完成的,那么就会有'遗传'的力量,就很难离得开,小熊长大了,一个人住到独自的房子里了,他对你的惦念好深好长,他永远也不可能愿意对你说再见。他的房子里,一直有你在。"梅子涵老师说。

是的,爸爸妈妈一直在,小小熊的安心便一直在。

只要心中有一个希望
——朗读《月下看猫头鹰》

赖在教室里就不想出来,趁着李老师还未催促,我给孩子们朗读《月下看猫头鹰》。

《月下看猫头鹰》,获凯迪克金奖的图画书。文字作者珍·尤伦,世界上作品最多的儿童文学作家之一。35岁后,她每年平均出版四部书,是个"大概连睡觉的时候也在写书"的人。她会大声地朗诵她写的每段话,"把整个故事读了又读,对着墙读,在浴室里读,对着关着的电视机读,对着长期患病在床的丈夫读"。

如诗般美的《月下看猫头鹰》,特别适合朗读。

封面上,皎洁的月光,白雪覆盖的大地。父亲与孩子伸向对方的手,带我们走上一段爱的旅程。

"我跟爸爸出去看猫头鹰,是在一个冬天的晚上。那时候已经三更半夜了,我们一直都没有睡觉。"大跨页,父亲与孩子只是整幅画中的两个小点。大雪覆盖的开阔的原野,落光了叶子的直挺挺的大树。房子、树和人拉长的影子,让我们感受到月光的耀眼。水彩加钢笔线描的图书,是约翰·勋伯赫以他在新泽西州的农场为背景画下的。这些画有约翰·勋伯赫生活的气息,生命的气息。

"农场里的一只狗,跟着汽笛叫了起来。接着,第二只狗也叫了。火车和狗,齐声唱歌,唱了好一阵子。闹声消失以后,四周静极了，就像在梦里。"图画中，幽深、浓密的树林铺展开来，雪地上的父女沉默行进。诗一般美的语言，诗一般美的画，带我们走向月下的树林。

"他开始呼叫起来：'呼，胡胡胡胡，呼！'学的是大角猫头鹰的叫声。'呼，胡胡胡胡，呼！'""我"把两手放在嘴边，模仿书中父亲的样子呼叫起来。可是，翻页之后，猫头鹰并没有出现，高大的树下，只有父女牵手的背影。

大片的留白，黑黑的神秘的树林，长长的阴暗的树影。在黑黑的森林面前，孩子们安静极了，有些紧张，有些期待。"出去看猫头鹰，一定要安静，一定要坚强。""出去看猫头鹰，一定要勇敢。"深更半夜走在树林里，这是孩子们从未有过的体验，而这也正是孩子们向往的吧。图画书稍稍弥补了孩子们的遗憾。

"爸爸又呼叫了起来"，我示意孩子们跟我一起来。孩子们把手拢在嘴边呼叫起来，"呼，胡胡胡胡，呼！""呼，胡胡胡胡，呼！"这样的加入，让孩子们与图画书之间有了更多关联，图画书的空间进一步向他们打开。

"从草地边缘、树丛上面，传来的猫头鹰叫声，越来越近。"猫头鹰双翅展开的背影占据了一个跨页，孩子们目光专注，屏息等待。当目光炯炯、钩爪锐利的猫头鹰，用仿佛能穿透人心的目光出现时，几乎每个孩子都不由自主地发出"啊——"的声音。这一声"啊"，是对猫头鹰王者姿态的惊叹，更是与父女俩走过漫长雪路的疲倦的缓解，穿行于幽深林莽的紧张的释放，经过长长期待后的无限满足。

"出去看猫头鹰，不需要说话，不需要温暖舒适，也不需要别的什么，只要心中有一个希望，爸爸是这么说的。那个希望，会用没有声音的翅膀，在明亮的、看猫头鹰的好月光下，向前飞行。"父亲抱着小女孩的背影，让整本书有了最温暖的结束。

因为这样的图画和文字,"只要心中有一个希望",将沉入孩子内心深处,并有可能在某个并不"温暖舒适"的夜晚醒来,"用没有声音的翅膀,"让还是孩子的他或她,已不是孩子的他或她,"向前飞行"。

游过心灵之河
——约翰·伯宁罕《和甘伯伯去游河》《外公》朗读记录

一

约翰·伯宁罕说:"没有压力的童年为我的创作打下了最好的基础"。12岁进入夏山学校就读的伯宁罕,大部分时间都用在画画上,因为课程不是强制性的。在信任宽容,让人顺着本性去发展的夏山中成长的伯宁罕,自写自画,图画和文字有着天然的契合。

二

我给一(3)班的孩子们朗读《和甘伯伯去游河》。

一起朗读:"图文,约翰·伯宁罕;翻译,林良。"向把美好童书带给美好童年的人致敬。

图书的前后蝴蝶页,没有任何图画的绿色,清新、干净。扉页,藏着"导游图",但只有等到阅读完整本书后,孩子们才会有恍然而悟的惊喜。

第一页,文字简单到孩子们忍不住和我一起大声读出来:"他就是甘伯伯。"线条细密交织,颜色柔和到让人的心变得软软的。

甘伯伯戴着窄檐帽，穿着雨靴，提着浇花的桶，向孩子们憨厚地笑。这是夏山的伯宁罕笔下的大人，和气得让孩子们一点都不畏惧的大人。

接下来的左右对页，伯宁罕用不同的画法推动着故事的展开。左页图用棕色的单线描画，淡得像被水洗过的褪了色的纸币；右页图则是鲜亮的彩色，亮到逼人的眼睛。

右边的彩页，乘客们陆续上船。

最先请求上船的是两个小孩儿。女孩飞起来的长发，张开的手臂，抬起的大脚丫，弥漫着夏山学校无拘无束的气息。可爱的兔子、满脸稚气的猫、憨厚的狗，都含着孩子的天真。

当胖胖的猪出现时，孩子们笑起来了，从此时开始，游河已成为一个好玩的游戏。

老实的绵羊、扑扇着翅膀的鸡来了，身体庞大的牛竟然也请求："能腾出个位子给我吗？"原文比译文更有意思："Can you make room for me?"竺祎的眼睛瞪大了，嘴里发出"啊"的声音，她担心着甘伯伯的船会沉下去。

不管怎样，总是接纳，甘伯伯的木船像是可以撑大的橡皮船。不管怎样，总是信任，在提出"不吵闹""不能乱蹦跳""不能追兔子""不能招惹猫""不能来回晃""不能咩咩叫""不能踩东西""别乱踢"的要求之后，乘客一一上船。

左边的单色素描里，船在缓缓行进，两岸的景致慢慢呈现，像拼图的碎片，拼出扉页的"导游图"。游河的喜悦，在左页图中两个孩子触摸水面，与岸上的小动物热情招呼的动作里，传递给了书外的孩子们。

一船的乘客，像一船顽皮的孩子。孩子忘性大啊，"刚过一小会儿"，就把甘伯伯的"教导"全丢到脑后去了，该扇的照样扇，该晃的还是晃，该吵的都在吵。翻过来，彩色的大跨页，"大家都掉进水里去了"。本以为他们的狼狈样会让孩子们哈哈大笑,但教室里,没有一个孩子笑,甚至没有一个孩子因发现戴礼帽的甘伯伯原来是个光头而笑。孩子们的脸上写满了担心与紧张。

如果图画书在翻船这一页结束,孩子们将会多么沮丧。

面对这一群明知故犯的乘客,没有生气,没有迁怒,好脾气的甘伯伯带大家穿过黄灿灿的原野,然后,围坐在一起,享用茶点,心满意足。

译者把 Mr.Gumpy——冈普先生,翻译成"甘伯伯",多么贴切。甘伯伯是一个给孩子带来极深安全感的人。

三

《外公》与《和甘伯伯去游河》在表现手法上有诸多相似之处,比如线条;比如左图用单色,右图用彩色;还有简洁的语言和不动声色的铺叙。

我给五(5)班的孩子们朗读《外公》。

封面上,只穿一条三角裤衩的小女孩跪在沙地上,边吃棒棒糖边玩沙,靠在躺椅上看报的外公抓着报纸的手垂下来,睡着了。很多幅这样日常的图画,很多个熟悉到难以察觉、常常忽略的瞬间,被伯宁罕从生活的海中打捞出来,用铅笔淡彩,将"日子""时光""岁月"这些词定格成脚踏实地的每一刻。

祖孙俩的对话简洁到连说话人都省略掉了,伯宁罕仅用不同的字体来区别。对话的场景,用浅笑淡彩描画,清新如雨后空气。种花,站在零乱的玩具堆里引吭高歌,玩病人和医生的游戏,讲故事,做冰淇淋,去海边玩沙,钓鱼,在院子里和冰上玩。每一个场景都与我们生活的场景交叠,每一个场景都带领我们更深地走入祖孙俩的世界——直到这些场景化为我们的生活,我们的回忆,直到我们分不清书里书外的差别,直到我们认为自己就是小女孩,而那个秃顶的老人就是我们的外公。

单线描画的左页图,有补充——花房里的工具,屋外雨中的池塘,沙滩上的"沙堡";有想象——对镜梳妆的小布熊,紧咬钓钩和外公、小女孩"拔河"的鲸鱼;有回忆——外公回忆小时候与大头、胖子坐雪橇往山下溜,"快得像三支箭"。

左页与右页配合,单色与彩色的交叉,把书外的我们往书里的世界吸。教室里安静极了。

"外公,明天我们去非洲玩儿,你来当船长好不好?"外公坐在绿色的沙发上,小女孩坐在外公的膝上。

翻页过来,左页,单色,小女孩坐在椅子上的侧面图。微微颤抖的线条里有心慌、孤单、不知所措。右页,彩色。绿色的大沙发,外公的沙发,没有人坐的空落落的沙发。物在,而人已杳然。空沙发像小女孩被掏空了的心。所有的欢乐与温馨,在这一页凝固成回忆。在孩子们怅然若失的眼神里,我没有说一句话。但伯宁罕不舍得让孩子们停留在这悲伤的一刻,他一定会把孩子们带出来,带到阳光下,带到生活的新希望中——最后一页,柠檬黄的太阳,推着婴儿车上坡的小女孩。生活在继续。而这,也是外公所期待的小女孩的生活。

下课铃响了,孩子们有好几秒钟还是呆坐着。直到一个孩子说:"谢谢老师,老师再见!"纷纷站起来的孩子们,从故事中走出来的孩子们,才回过神来,听到一个孩子在说:"这个故事好伤感。"

当教师不是"提问大王"的时候,孩子们从故事中得到的,将会更多;沉淀的,也更深。

中国人故事的开始
——朗读《吴姐姐讲历史故事》(一)

一

我给五(5)班的孩子们朗读《吴姐姐讲历史故事》第1册(远古～前207年)。从开天辟地的故事讲起。

书中《开天辟地的故事》讲了盘古开天和女娲补天。盘古开天这一部分,我把《幼学启蒙》中的《盘古开天地》与吴姐姐讲的故事结合起来呈现。

吟诵之后,所剩的时间不多,在讲故事之初,仍带着孩子们将书前的话读了一遍。我读一句,孩子们跟着读一句。

> 天地混沌如鸡子,盘古生其中。万八千岁,天地开辟,阳清为天,阴浊为地。盘古在其中,一日九变。神于天,圣于地。天日高一丈,地日厚一丈,盘古日长一丈。如此万八千岁,天数极高,地数极深,盘古极长。……故天去地九万里。

全书10幅图,9幅图中有盘古。勾勒、渲染,石青、石绿的运用,是中国画的表现手法,但每幅画中,都融入了西方的元素。图画的夸张,是向儿童的靠拢。固有中有变化,传统才有生命力。

第一页,空白如蛋清,中央孕育盘古的是蛋黄。

第一、二页，昏暗的颜色，着力营造的是天地的混沌。

第四页和第五页，盘古自混沌而出。图画颜色变亮，天清地爽，两幅分开的画暗示着天地的分离。

第六页，巨人盘古顶天立地。盘古创造世界的过程，也是他自我成长、自我发现的过程。他用自己的力量创造着世界。

第七页，黑色的盘古，生命走到了旅程的终点。吴姐姐这样说："经过了一万八千年，盘古觉得天已经很高了，应该不会塌下来了，自己完成了任务，可以不用再顶着天，心里放松，就倒了下去，竟然死了。""心里放松，就倒了下去"，一下子觉得盘古离我们好近。

第八页、第九页，巨人盘古的躯体化为天地万物。《山海经》说，"一日方至，一日方出，皆载其乌"。三足火乌以配日，很多孩子是第一次知道。

第十页，图一分为二，上面是圆中的盘古，下面是盘古创造的美丽世界。

始于圆，终于圆。

前后环衬，泥土般厚重与朴实的黄色中，如古代玉璧的圆，一个挨一个。

生命像一个圆，循环，循环，再循环，周而复始，生生不息。

二

《盘古开天地》的故事讲完之后，给孩子们讲女娲的故事。女娲造人，孩子们比较熟悉。女娲还被称为"高禖"和"神媒"，是婚姻之神，则让孩子们倍觉新鲜。

三

故事的结尾,吴姐姐写道:"女娲的故事当然也是难以令人相信的神话。不过,这是中国人古老的传说,你可以不相信,但你不可以不知道。"

"这是因为,我们都是——"

"中国人!"孩子们响亮地回答。

黄皮肤的中国儿童,不可以不知道中国人的故事。在中国的故事里,把根扎进中国的土壤,并汲取前行的力量。没有根的孩子像浮萍。

面对身处多元文化冲击的儿童,面对在自己的文化还未进入身体便已被外来文化侵蚀的弱小个体,作为教师,把中国的故事带给孩子,让他们"惊讶、好奇、留连、低徊",让他们"丰富灿烂的一生有所依伴",是我们多么需要做的一件事。

一起去春游
——《14只老鼠去春游》朗读后记

"14只老鼠"系列买了已经有一两年了吧。那是儿子在袁家岭新华书店靠墙的书台上偶然发现的。儿子压低嗓门呼唤我过去的声音里，有抑制不住的惊喜。清新如轻风，柔和如新叶的封面，瞬即吸引了我们。一套书已混合成一摞，儿子翻找着，每抽出一本，就放到我的手中。挑拣之后，一共是12本。儿子恐有遗漏，难得细心的他又从上至下看了一遍，并和我手中的书一一对照。我们从书中找不到这套书共有多少本的线索。不过，能有这12册，已经很幸福了。

《14只老鼠去春游》是其中的一本。上周的课上，我就准备给刚去春游的一（3）班的孩子们讲这本书。前一节课的老师上公开课耽误了些时间，没有讲成。

这次的课上，孩子们巴巴地等我讲这本书。一个星期的等待和期盼，让今天的图画书朗读与以往有了些不同。

封面和封底上，14只老鼠坐在林间的地上，这是春游时的小憩。每只老鼠的旁边标注了身份，比如爸爸、妈妈、爷爷、奶奶，老大、老二，一直到老十。反正都是鼠，我们只能凭"衣冠"认"鼠"了。封面和封底合起来是一个跨页。鼠丁兴旺，整本书非用跨页不可。

整本书中，绿色和黄色用得最多，有好几页干脆就以黄绿的颜色作底色。大片大片的黄绿色，是春天新芽与新叶的颜色，照亮了我们的眼睛。

作春游准备的这幅图热闹非凡。里屋外屋都在包饭团，人口多啊！老二在给老十穿衣服。我把家丰的袖子拉下，然后模仿老二在老十长长的衣袖里找手的情景："哎，老十，你的小手跑哪里去啦？"孩子们笑得东倒西歪。他们喜欢书里和书外的交融，喜欢参与到故事中去。

教师像一个吹笛手，带领孩子们走向春天的树林和原野。

春天的树林里，看山雀给小宝宝喂食，看蝴蝶、癞蛤蟆和蝌蚪。前后蝴蝶页中的花一一出现，紫罗兰、棣棠花、百合花、笔龙胆。14只老鼠的个性逐一显现：老大爱吹竹笛，老五、老八最顽皮，老六是他俩的跟屁虫。癞蛤蟆出现时，孩子们一齐"呱呱呱"。

老五和老八跳过小溪的两幅图，让故事在平静的韵律中起了波澜。前一页，从岸的这一边起跳，腾跃于空中的老五，和即将到达对岸的老八，形成一条富有动感的弧线。后一页，学老五、老八跨越小溪的老六，"扑——通——"掉下河。老二连忙俯身去拉溪中的老六，牵着老九过河的老大一个跨步奔下桥来，桥上的爷爷、奶奶、妈妈、老三、老四、老九、老十，望向桥下，情不自禁地弯身、伸手。老五和老八呵呵笑，特别是老五，哪有一点做哥哥的风范，笑到眼睛都看不见了。书外的孩子们和老五、老八是一伙的，彦宗笑得最响，蕊蕊笑得倒在了同桌的肩上。

翻过来，我问孩子们："只穿一条裤衩的是谁？""老六。""老二的竹棍上晾着谁的衣服？""老六。""老七、老五一起扛着的竹棍上，晒着谁的裤子？""老六。"边笑边答，乐不可支。

设计各种方式让孩子们与故事融为一体，抓住了孩子们的心。对于习惯于被动地坐在屏幕前消耗光阴的"电视儿童"来说，故事在培养孩子的注意力、记忆力和想象力方面的作用，是不言而喻的。

"看书比看屏幕好多了。"敬泽在我收拾物品的空隙翻看着图画书。50多个人的班，用屏幕把图画书投影出来，是不得已而为之的事。

孩子说得对，拿着一本图画书阅读的感觉，是看投影所不能比的。

喷嚏打不停
——讲述《小熊的喷嚏》

一

开学的前几个月,我刻意没有给儿子买新书。在这段慢下来的日子里,两三年前给他买的《毛毛》《少年克拉巴德》(即《鬼磨坊》),他终于拿起来看了。《少年克拉巴德》连看了两三遍。在书架上翻旧书看,厚厚一摞"贝贝熊"系列又被他翻出来了。在这摞书里,夹带着"淘气宝宝"。他把书递给我,建议我给一年级的孩子读一读。

二十一世纪出版社的"淘气宝宝"系列图画书有12本,我家只有3本——《小熊散步》《小熊的喷嚏》《小猫的嗝》,是在儿子四五岁时买的。白色封面的边缘隐隐透出淡淡的黄色。

二

第二节课,我给一(3)班的孩子们讲述《小熊的喷嚏》。受上次课的启发,这一次的讲述中我加入了更多让孩子们参与的内容。

前环衬上,左边,整齐排列的12只小熊,展示着穿红背带裤、拿蓝手帕的小熊打喷嚏的各种姿势;右边,小熊张大嘴巴——"阿嚏"。

松居直认为,图画要能形象地表达出文字的意味来。前环衬把孩子们的注意力迅速集中到一件事情上来——小熊打喷嚏。教室里假装打喷嚏的声音此起彼伏。待孩子们闹够了之后,大家一起打喷嚏——"阿嚏"。

正在做针线活的熊妈妈慈爱地给踮起脚尖的小熊擦鼻涕,"有人说你呢,他们说喜欢你"。因为妈妈的这句话,小熊喜欢上了打喷嚏。

一个又一个喷嚏,"打"出了一个又一个好朋友。

"谁喜欢小熊啊?"边翻页边问。

"小兔""小狸""小松鼠"。"小狸"不太好认,孩子们叽叽喳喳猜了半天。热热闹闹的猜测,吸引的岂止是孩子们的注意力,更让孩子们感到,故事的讲述里也有自己的一份功劳。

小熊的喷嚏,带出了孩子们的喷嚏。在打不停的喷嚏声中,孩子们渐渐"长"进故事里,成为故事的一部分。

三个喷嚏之后,故事开始发生变化。

獾宝宝被小熊的喷嚏吓哭了。獾妈妈敲门了。我敲敲讲台——"笃笃笃"。孩子们加入进来了,和着老师的声音,在桌上敲出"笃笃笃"。

翻页过来,小熊的大喷嚏把睡梦中的小宝宝们全吓哭了。

"怎么办?"鼻子痒痒的小熊在问自己。教室里的老师也在问孩子们。

"去看医生""吃药""打针""用手帕使劲捂住鼻子"……孩子们和小熊一起,动脑筋,想办法。他们融入到故事之中,而不是置身于故事之外。

"小熊想到了一个好主意,他让喷嚏声变成了动听的歌声。"

"阿嚏,哼嚏。闹腾腾,哼嚏。睡吧,哼嚏。"孩子们的喷嚏歌里，很有刚才吟诵《梅花》的韵味呢。孩子们把"阿嚏哼嚏歌"唱了三遍，比小熊还兴奋。他们发现，原来棘手的问题可以用如此好玩的方法解决。此时，教师无须解释，更不必组织讨论，故事在滋养着孩子们，他们已经吸收到解决问题的方式。

当我们所喜欢的，恰恰是干扰到别人的，该怎么办？《小熊的喷嚏》用艺术的方式给了我们答案。这个答案没有丝毫训诫的味道，故事的力量悄悄作用于孩子们身上。

当历史进入教室
——讲述《吴姐姐讲历史故事》(二)

一

翻开蒋勋的《写给大家的中国美术史》,把其中的两幅帛画投影出来。来自战国时期的这两幅画,均出土于长沙。

告诉五(5)班的孩子们,帛画,是用毛笔画在布上的画。

这一张,立于龙舟上的男子,头上的高冠、衣服上的线条,流畅优美,龙舟的线条则斑驳模糊。舟尾有昂首的鹤,水中有鳞片清晰可辨的鱼。另一张,着宽袖长袍的女子侧立,凤与龙翔于其上。

出示帛画之意,是想让孩子们在欣赏如此自由活泼的艺术表现的同时,对那个时代有一个直观的印象。

二

历史的讲述进入春秋战国时期。这个时期,出现了许多伟大的思想家。孩子们大声地说出了他们的名字——孔子、老子、庄子、孟子、墨子、韩非子……《吴姐姐讲历史故事》中有关于孔子、墨子、孟子、庄子和荀子的八个故事。今天的课,给五(5)班的孩子们讲述《墨子用带子打了一场胜仗》。

吴姐姐笔下的这个故事，人物语言新鲜风趣，神态描写极具现场感，气氛烘托恰到好处，宛如一出戏剧，特别适合讲述。看墨子说服楚王的这一段：

墨子一欠身道："王啊，我碰到一件怪事：有个富翁很有钱，但他放着自己家里漂亮神气的车子不用，反而去偷隔壁人家坏掉的破车；他把绫罗绸缎的衣裳锁在箱里，然后去偷隔壁人家的粗布衣；他家饭桌上每天摆着大鱼大肉不吃，反而去偷人家吃剩了要喂猪的馊饭，你看这人是不是有问题？"

"我想啊，他八成有偷窃狂！"楚王马上下了断语。

墨子瞄了楚王一眼，接着说："那么，现在楚国有五千里土地，宋国只有小小的五百里；楚国盛产丝绸，宋国连粗布都少见；楚国是鱼米之乡，宋国天天闹饥荒。那么，陛下要去攻打宋国，是不是……"说着，墨子偏着头看着楚王。

"这个嘛……"楚王不好意思地笑了起来，说，"当然，你讲得也有道理，但是，"楚王又正色表示，"公输般已经为我造好了云梯，花了那么多钱，总不能不试试看啊！"楚王想起可把宋国完全吃掉的远景，脸上浮起了贪婪的笑容。

讲述要求教师把吴姐姐的故事化为自己的故事，如此，才可以把目光从书上移开，与孩子们交流。

讲述伊始，我在黑板上板书"兼爱、非攻、节用、节葬"。简单解释之后，孩子们说："墨子是个好现代的人，他热爱和平，还很环保啊。"

讲述墨子与楚王的交锋时，我站在了二、三大组的行间。说到富翁时，我望向左边的同学，仿佛他们就是那贪婪的富翁；而讲到富翁偷邻居的破车时，我看看右边的同学，好像他们就是那倒霉的邻居。眼神的交会，手势的暗示，把孩子们渐渐吸入故事中。

讲到"墨子与公输般用带子作城，用小竹片当云梯，在楚王面前展开'大战'"时，我顺手在黑板上画出带子与小竹片。"一个用云梯攻城，一个就用火箭烧云梯；一个用撞车撞城门，一个就用滚木擂石砸撞车；一个用地道，一个用烟熏。"补充的内容来自我们家一本很旧很旧的、儿子特别喜欢的书，林汉达、曹余章编著的《上下五千年》。这样的描述，是对文中"九种战术"的形象化。具象的讲述，对于儿童尤其重要。

"墨子用自己的机智，加上有实力做后盾，阻止了这场即将爆发的战争。"热烈的掌声响起来。

孩子们清澈而兴奋的眼神告诉我，"墨子"对他们来说，已不是一个抽象的名字，而是一个鲜活的人，一个用智慧照亮那个战乱频仍年代的伟大的人。孩子们清澈而兴奋的眼神告诉我，为什么在学校中，各种设施诸如投影仪、电视机、收音机、录音机等很少使用。因为这些东西必然抑制教师与孩子们在故事里的相遇、交融。

在吴姐姐的笔下，省略了这样一段：当公输般将战术用完时，他曾想要杀害墨子，只是因为墨子早有预料，已经派了三百个懂此方法的徒弟守卫宋城而作罢。吴姐姐的省略是否有意，我无法知道。省略机巧诡智，恰是作为"姐姐"的她对儿童的呵护。在将历史带入教室的时候，我刻意回避了那些血腥、黑暗、沉重的故事。

三

当历史进入教室，出现在儿童面前的，不应该是一堆抽象的名词，而是曾经生活在这片土地上的人，这些人曾经火热的生活与梦想。

当历史进入教室,我们也许可以从历史里看到自己的影子。作为文化链条唯一没有中断的国家,历史,其实就活在我们的身体里。

不管世界如何加速
——《14只老鼠种南瓜》朗读后记

一

这次课给一(3)班的孩子们朗读《14只老鼠种南瓜》。

孩子们用雀跃和掌声,欢迎14个老朋友。

"这是南瓜的种子,一粒生命啊!"教师轻轻地把爷爷的话说了两遍。然后,教师和孩子们一起,双手捧着"种子",轻轻地说:"这是南瓜的种子,一粒生命啊!"对一粒种子如此虔诚和恭敬,这种感觉对于教室里的孩子们是多么陌生。而没有这样的虔诚与恭敬,这本书在合上的那一刻,将和教师的声音一起,消失在空气中。

"发芽啦,长出来啦!"沾着露珠的嫩芽在晨光中舒展。轻手轻脚的老五和老七,鼠宝宝们生怕惊醒了嫩芽的眼神,让人有莫名的感动。小芽,在这一瞬间,化身为鼠宝宝们共同的宝宝!

"又圆又大的南瓜,我们的大南瓜!妈妈快来看啊,奶奶快来看啊!"站在大南瓜上的老二、老八和老五,威风又得意。"啊——"捧在手心的种子长成了稳稳占据跨页中央的大南瓜。教室里的孩子们惊叹着生命的神奇,分享着14个朋友丰收的喜悦。

此时,正是南瓜种下的时候。读这一本,是为了配合大自然的韵律。反季节的蔬菜瓜果,已经模糊孩子们对于季节的记忆。

"一月菠菜才发青,二月要栽发芽葱,三月芹菜出了地,四月竹笋粗又嫩,五月黄瓜已长大,六月葫芦架上挂,七月茄子头朝下,八月辣椒红似火,九月南瓜地里趴,十月萝卜已长成,十一月白菜已长大,十二月用盆栽蒜苗。"在合适的季节,栽应季的菜,在合适的季节,吃应季的菜,而且是自己种下的菜,于孩子的成长,将如甘泉的输送。不管世界如何加速,这样的要求都不应该是奢望。

二

是什么让儿子以寻宝的心情买下这"14只老鼠"的?

在一幅又一幅的图画里,儿子一定闻到了家的气味。

暖暖的烛光里,老鼠一家人各自忙碌着。让人安心的是,爷爷、奶奶、爸爸、妈妈都在,十个兄弟姐妹也在。

春天的土地上,老大、老二埋头挖土,老五、老七把脚压在铲子上费力地铲土,连老十也用小拖车在拖杂草。爸爸笑眯眯地看着十个孩子,无限满足。

丰盛的南瓜宴,团团围坐的一家人,爷爷和爸爸手中的种子,预示着来年的新希望。

不管世界如何加速,安宁的家庭永远是孩子成长的必需。家的味道会一直飘,一直飘,飘进孩子们未来的家里。

儿童精神病学家鲍比在《儿童照顾与爱的成长》中写道:

家庭生活无比重要……没有任何一个地方比得上家。

在本世纪的前四分之一时间,精神病学最显著的发展当中,有稳定增多的数据显示:儿童早期受到父母照顾的品质,对于他未来的心理健康会产生无比重要的影响……早期与母亲之间产生复杂、丰富、有益的关系，以及与父亲、兄弟姐妹之间发展的关系，构成了性格与心理健康的发展。

三

是什么让我把这本书一看再看而不觉疲倦？

老大沉着，老二和老五勤快，老六毛手毛脚，老八顽皮，喜欢爬上爬下。十个孩子，各不相同。除了爱的滋养外，还有什么在织出孩子们多样的个性？

看这一页，老四、老五、老七排排坐在树干上，老二手插裤兜站在旁边，四个孩子一言不发，呆呆望向种子沉睡的土壤。

用芋头叶做伞，兄弟姐妹几个看从叶腋间长出的小花苞，躲在南瓜叶下的老十和老四，一眨不眨地看尺蠖一屈一伸。

糟糕，老六被呼啸而来的蜜蜂吓了一大跳，摔倒在南瓜叶上……

大自然中长大的孩子，有着最丰富的不被压抑的生命力，这生命力让每个孩子如此独特，如此珍贵。

不管世界如何加速，大自然永远是孩子成长的必需。被钢筋水泥的丛林遮挡住视线的孩子，把眼睛"粘"在电视和电脑屏幕上的孩子，在机器和作业的陪伴下孤独成长的孩子，在铺天盖地的信息里沉浮的孩子，还听得到大自然的呼唤吗？

四

带着孩子们开出南瓜田后，鼠爸爸便悄悄地退出。

十个孩子看嫩绿的新芽破土而出，看金黄的南瓜花绽放，看小小的南瓜慢慢长大。阳光下，老八挥拳大吼："瓜叶虫，你们不要吃叶子！"暴雨中，老四顶风前行，老二和老五死死地护住南瓜，老大坚毅的眼神仿佛能穿透风和雨。孩子们见证着南瓜宝宝的成长，南瓜宝宝陪伴着孩子们长大。

不管世界如何加速，孩子的成长得全靠他们自己。在我们看不见的地方，他们会慢慢地长大。

历史的链接

5月16日第四节课,给五(5)班的孩子们讲《孔子的故事》,作者林汉达。

三十岁时办私学的孔子,为寻找机会实现理想而周游列国,到处奔波。六十三岁开始《诗》《书》《礼》《乐》《易》《春秋》六部经典的编修工作,七十三岁因子路被杀,悲伤过度而去世。故事以时间为序,讲述了孔子的一生。

"在孔子六十三岁那一年,一个对西方人产生巨大影响的人诞生了,他所坚信和倡导的事物至今为人们所笃信。"教师在"孔子"旁边板书"苏格拉底"。

"苏格拉底在他生活的雅典城里,喜欢向人们提问,让人们自己寻找答案,明白什么是对的,什么是应该做的事情。"

从鲁国到希腊,从孔子到苏格拉底,历史的链接,让孩子们的眼睛里,有光亮在跳跃。

苏格拉底的故事,来自《希利尔讲世界史》。

这本书先从苏格拉底丑陋的外表讲起——"短扁上翘的鼻子,还是个秃头"。希利尔是懂得孩子的,这样的开端让苏格拉底亲切如孩子们的邻居。

在妻子赞西佩从楼上把一桶水倒在他身上后,苏格拉底说:"响雷之后,必有暴雨。"孩子们笑成一团。

书中有法国著名画家达维德的名画《苏格拉底之死》,我用投影显示出来。好的图画是有声音的。弟子们掩面哭泣的声音,沉默的弟子内心深深的悲哀与叹息,穿透画面传来。

"他的信念之一,就是我们每个人内在都有一种'良知',良知可以告诉我们什么是对,什么是错;我们并不需要从书本或他人那里才能得知何为对,何为错。"

我把目光投向孩子们,期待着不管世界如何变化,孩子们都能拥有照亮自己,照亮他人,也能照亮世界的良知。

为实现理想,孔子做着"知其不可而为之"的奔波;为追求真理,苏格拉底拒绝逃跑,从容喝下毒堇汁。两个深深影响世界的思想巨人,如光,照亮这间教室。孩子们由此知道,在分数和考试之上,生而为人,还有更高远的追求和更重要的责任。

与安东相遇

一

这是安东。橙色帽子,橙色头发,橙色裤子。橙色的安东,温暖的安东。

这是安东。从图画书的第一页到最后一页,都以侧面出现的安东。小鼻子微微上翘,一直一直朝前走的安东,渴望与书外的人相遇。

这是一本开放的图画书。好多的空白,呼唤着书外的人,拿起画笔,与奥勒·科内克一起,完成《安东的秘密》。

二

我一进二(3)班教室,正在做眼保健操的孩子们,好多都睁开了眼睛,用清脆的问好或哈哈的笑,表达着对老师的欢迎。这是我在这所新学校新班级的第二堂课。孩子们与我的亲近,源自圆圈游戏的魔力。神奇的圆,让曾经陌生的,曾经有距离的老师与孩子们,融合在了一起。

精致的、崭新的显示屏,就放在讲台上。如果我用显示屏,我和孩子们都将望向屏幕。

而现在,孩子们的眼睛聚向我手中的封面,也聚向我;我不必望向屏幕,我望着孩子们。孩子们的眼里是生动的我,我的眼里是生动的孩子们。

今天的课堂,让我知道,最重要的交流,一定发生在真实世界近距离接触的人与人之间。

向上走的黄色条纹里,作者奥勒·科内克的旁边,有一个空白,这是留给孩子的位置。肩并肩、手拉手一起创作的感觉,让孩子们有惊讶——我也能著书吗?而且是一本真正的、已经出版了的书。有喜悦——拿起画笔,创作属于自己的图画书,还有比这更棒的吗?

这将是孩子们的第一本书,这本书的名字叫——

"《安东的秘密》。"

响亮的童音里有多少的欢喜与满足。

安东在去儿童游乐场的路上,迷路了。他遭遇了怪物,碰到了海盗,学会了飞翔,与公主交上了朋友,逃脱了女巫和机器人的魔爪,终于到达游乐场,找到了朋友鲁卡斯、妮娜、格蕾塔。

惊险不断的历程里,安东在一大片的空白中,邀请着书外的孩子加入进来。

我把复印好的书,发到每个孩子的手上。创作的过程中,不时有孩子发出自我陶醉的咯咯的笑声。

乐祥笔下的怪物,乜斜着眼睛看着惊慌的安东。怪物身上竟能发出既像横放

的胡萝卜又像炮弹的东西。

沐阳让逃脱了怪物的安东,蹲伏在了一片有着大大笑脸的树下,好安全。

安东躲到了森林里,森林里应该没有怪物。

这堂课的遗憾是,时间太少,添加的内容太多。孩子们的表现有些仓促,有些粗糙。

六年级的课上,我只讲述了故事的开头,留足时间给孩子们创作。当然还因为,这个对六年级的孩子相对简单的故事,我的讲述只会让他们觉得啰唆。

孩子们可以选择把所有的内容都添加完,也可以选择自己最喜欢的两三个页面进行添加。虽然已是大孩子了,复印的书发下时,他们仍十分兴奋。

安静的创作中,有孩子会忍不住地笑,或悄悄地把自己画的与同桌分享。自由的、快乐的分子,在空气中弥漫。

　　凯文用一群惊飞的小鸟,造足了怪物所带来的惊恐的氛围。蜡笔所绘的图画,稚拙、清新。

这里是一个完全陌生的地方,安东听到了一阵响声,这是一只动物发出的声音吗?

安东穿过一片恐怖可怕的地带。

泽宇画的怪物，大嘴下有被压弯的树，大嘴里有被拔飞的树。左页大片黄色所带来的惊恐与右页大片绿色所带来的安谧，形成了极为强烈的对比。

尚奎画的横跨两页的怪物，飞翔在云端的安东，有图画书的感觉。

奕远所画的在柔柳护佑下的安东，海婷所画的在圆形树木怀抱中的安东，怎能不微笑？

只是，六年级某些孩子的画中有些固化的图画符号，也有被流行漫画人物侵蚀的反应。这是成人世界给孩子的死的概念，它让孩子找不到属于自己的表现方式。而二年级的孩子想象力被束缚的情形比较少。

四

极其简单的线条,干净、简洁的画面,尽量减少对儿童的暗示而形成的束缚,奥勒·科内克在《安东的秘密》中,给予了儿童更多的创作空间。书的前后环衬,还有第二页中安东周围的树、草、花、云与太阳,全用蜡笔画出,且是全然的儿童画出的感觉。科内克用这样的图画召唤儿童的加盟。

文字是配合图画的另一种召唤的力量。从文字上,孩子们知道书本尚未完成,于是内心的迫切感被唤醒,孩子们会主动画完尚未完成的部分。

对儿童有深刻了解,对儿童有真正尊重,让儿童在与书的互动中,个体的独立自主得到最大的满足,这是《安东的秘密》给予我的启示。

这段树干在等谁

一

第一次给孩子们讲的是《长腿叔叔》。

"邦邦。""斑斑。""哗哗。"

读到"哗哗",孩子们笑了起来。

看图,猜名字。

"小斑马叫斑斑。"

"小企鹅叫哗哗。"

"不对,不对,小熊猫才叫哗哗。"

孩子们吵吵嚷嚷而又兴奋地猜测。终于,吟诵所带来的对文字声音的敏感,让孩子们发现,笨笨的熊猫,应该叫"邦——邦——"。那有着橙黄蓝相间的彩色嘴巴的小企鹅,自然就叫"哗哗"了。

看扉页,齐读棕色树干上的文字:"这段树干在等谁?"

还是和往常一样,
还是在那根大树干上,
邦邦、斑斑和哗哗,
肩并肩坐在雨林里……

这是《看见大自然》启发系列——邦邦、斑斑、哗哗的雨林日记,每一本的第一页,都会重复的一段话。

长腿叔叔是谁?

昨天一早,蓉儿在学校食堂和我聊起《长腿叔叔》。虽然女儿迈萱的复述特别流利,但她总怀疑孩子没有听明白。于是上网搜索求证。作为成年人,我们怀疑的是什么?"长腿叔叔"这样亲昵的称呼,岂可给笨拙的乡下大蚊子和狡诈的城里小蚊子?我们好难认同斑斑一本正经说的那句话:"长腿叔叔哪像你生活得这么舒服?它一辈子过得可真不容易。"

而二年级的孩子是信的。

"当讲到长腿叔叔只能活两天的时候,(朱老师)突然压低了声音。我们紧张得都不敢呼吸了。"

"长腿叔叔真的很老了,也很可怜。"

这些句子来自孩子们的写话作业。大部分孩子用20~30分钟完成了写话,但有两个孩子花的时间比较长。

这是家长的留言:"书面作业写了50分钟,故事后面的内容忘了,结尾为自编的。""写话时间:2小时。"

如看云所言,教师需要来自家长的提醒。漫长的、艰难的写话过程,消解了孩子阅读图画书的快乐,也说明故事远未达到儿童有能力复述的程度。

大部分的作业,是这样的结构——总起,复述故事,发表感想。教师只要求孩子们单纯复述故事的写话,但是父母的要求已经升级,作业时间自然就拉长了。"不让孩子输在起跑线上""人生规划在童年"已经渗入骨髓,两个、四个甚至是六个大人,对孩子的成长,未敢有一日懈怠。

不是从孩子内心流出的"感想",只是"死的概念"。着急地要用"道理"来丰富孩子头脑的父母,让孩子失去了进入故事的清静与安宁，也让故事失去了经由时间在孩子内心生长的力量。

常常拔苗而不自知的我们，真的需要"勤奋地学习关于儿童的知识"。

二

给孩子们讲的第二本，是这一系列的《还羽毛》。从三个插满彩色羽毛的脑袋出现在跨页中，到哗哗斗志昂扬地想和鹦鹉们格斗，孩子们一直笑，开心地笑。

固定的主人公，重复的韵律，大片纯黄、纯蓝或纯红的背景，圆圆钝钝的笔触，极富安全感的一套图画书，孩子们怎能不喜欢？

带给孩子们的第三本书，是《到树上去》。

从封面开始，孩子们就忍不住要和老师一起读——"到树上去"。

扉页，孩子们抢在老师前面说——"这段树干在等谁？"

开篇，孩子们像和老朋友见面了，齐说：

还是和往常一样，
还是在那根大树干上，
邦邦、斑斑和哗哗，
肩并肩坐在雨林里……

孩子们知道，每周这天的第二节课，吟诵之后，老师会给大家讲图画书。

孩子们知道，邦邦、斑斑、哗哗，又会肩并肩坐在雨林里。

熟悉的课堂，熟悉的节奏。熟悉的故事，熟悉的朋友。

熟悉的氛围里，孩子们安心又满足。

安心又满足,这就已经足够。

三

这段树干在等谁?

是穿梭在学校和培训班之间,每一段时间都被安排好的"格子"中的孩子吗?

是被电脑、电视、手机,被更多的媒体充满了的孩子吗?

还是,匆忙地赶着路,也催促着孩子匆忙赶路的我们?

年的故事

一

1月8日，二（3）班的课，我给孩子们讲汉字。

"最开始出现的文字刻在龟甲兽骨上，叫甲骨文。你们看，甲骨文的'夕'像什么？"

"像D。"几个孩子脱口而出的叫嚷，让我在苦笑之余，更觉得把"夕"与"年"的意义带给孩子们很有必要。

"像月亮。"终于有孩子嚷出来了。

"甲骨文的形体，好像月亮。甲骨文之后，是金文。金文又叫钟鼎文，是铸刻在青铜器上的文字。金文的'夕'，中间去掉了一小竖，但仍然是半月形。左民安老师认为，中间的一小竖可能代表光，有光为'月'，无光为'夕'。小篆的'夕'和金文相像，但是下面不封口了。小篆是在秦始皇统一中国之后，在秦国原来使用的大篆的基础上，创造出来的。楷书的'夕'外形类似月亮，但是中间少了一画，像月亮而又残缺不全、无光无色，所以'夕'就是傍晚的意思。"

听我讲"夕"的来历，孩子们像听故事一样，目光炯炯。

"'年'字就更有意思了。你们看，甲骨文的上面是个'禾'字，下面是什么？"

孩子们默不作声。

我把脸朝向左边,手臂向前斜伸,说:"再看看,像什么?"

"像老师。"

"不对,不对,像一个人。"七嘴八舌里,孩子们有恍然大悟的惊喜。

"甲骨文的'年',上面是个'禾'字,下面像一个脸朝左、手臂向前斜伸的人。庄稼丰收了,割下来捆在一起,顶在头上搬回家去。大家一起庆祝丰收,这个节就叫'年'。这是左民安老师在《细说汉字》里说的。白川静先生认为,'禾'象征着稻魂。"

"稻魂是什么?"吴御田问。

"稻魂啊,就是居住在稻秧里的神灵。古时候的人相信,神灵能保佑风调雨顺,能让小小的秧苗长成结着大大谷穗的稻谷。插秧的时候,人们为了丰收而祈祷,会跳起'田之舞'。谷物一年一收,因此就有了年的意思。"

接下来,给孩子们讲"幼学启蒙"《年除夕的故事》。

"关于年和除夕的传说很多,我们以前听说过的年,是一个怪兽。"孩子们连连点头。

"但是,在今天的故事里,年,是一个少年英雄,而夕,是一个怪兽。"

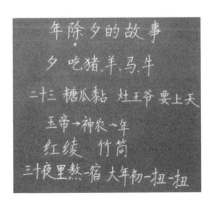

第三辑 / 故事来了　223

我指向黑板,按照板书讲述故事。如看云所言,这样的板书,"既是为了帮助学生理解、记忆故事情节,也是为了方便孩子在'关节处'能够不假思索、整齐准确地接上话茬"。(《薛老师讲中国故事》)

从《薛老师讲中国故事》里学到的这一招,第一次在课堂中实践。

"很久很久以前,人间出现了一个名叫夕的怪兽。夕平时躲在洞里睡大觉,一到阴历腊月的最后一天,就跑出来找吃的。夕吃猪,吃羊,吃马,吃牛,还吃人。""张牙舞爪"的老师,一把"抓"住了心玥。

孩子们掩嘴偷笑。他们没有开怀大笑,一半因为故事的气氛,一半因为前面坐着对今天的课感兴趣而留下来的班主任黄老师。

"红绫放射出来的红光,刺痛了夕的眼睛。夕什么都看不见了,慌忙逃跑了。夕在河边洗好眼睛以后,又扑回了村子。年点燃竹筒,竹筒中喷出的烟火,烧得夕在地上打滚。"讲述,让教师借助语言、眼神和身体的动作,带孩子们去看骑在龙上的少年英雄"年",如何制服怪兽"夕"。

第二遍的讲述,是看着图画书完成的。图画是另一种语言,与孩子们第一遍倾听中所产生的想象融合。

流年易逝。在夕阳的微光里,人涌起的是无法握住时间的恐惧。"夕"如怪兽,啃噬着人想永恒与长生的心。而"年",是驱走黑暗的曙光,让生命充满了无限生机。图画书的前后环衬,是大片寓意希望的绿色。闪耀着光芒的少年英雄"年",激发起孩子更高层次的精神力量。这力量,与生生不息的绿,互相呼应。

英雄制服怪兽,光明战胜黑暗,孩子们在故事的旅程中,与"年"一同冒险,并取得最终的胜利。害怕黑夜的孩子被红绫的光照亮，因竹筒的爆响而勇气倍增。故事，让孩子获得极深的安全感。

课的最后，孩子们创作自己的"夕"和"年"。

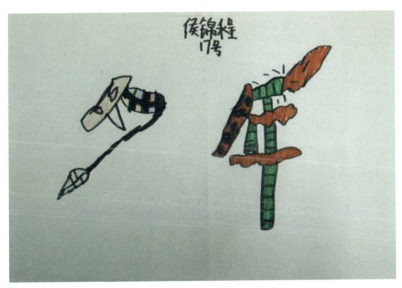

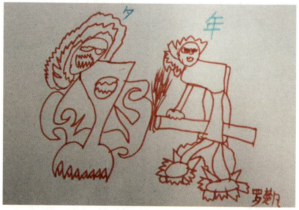

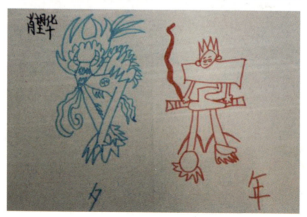

锦程的"夕"有着尖尖的白牙，黄迈萱的"夕"吐出血红的舌头。望华的"年"，是一个踩着风火轮、舞动红绫的叱咤少年；锦程的"年"由绿色竹筒和红色绸带组成，竹筒点燃了，发出"噼啪"的响声，燃起红色的火焰。楚凡则用红色表现"年"与"夕"搏斗的激烈。

这些图画呈现了孩子对文字与故事的创造性吸纳。细说汉字"夕"与"年"，讲述《年除夕的故事》，让孩子产生出内心的"图像"。当"图像"形成，"感觉"便开始萌发，于是孩子有能力表现自己丰富的想象世界。课程向内去影响孩子，并被孩子消化、吸收。民族文化以适合儿童的直观图像，植入孩子内心。

二

1月9日，六（4）班，给孩子们讲《蛇年的礼物》。

《龙年的礼物》，封面是大片的中国红。《蛇年的礼物》，封面是大片透出神秘气息的紫，属于灵蛇的紫色。

元旦过后的这个星期，长达8天，且是星城最冷的8天。最冷最长的一个星期里，复习开始。"吸"到憋闷的复习里，期待天津快板《蛇年说蛇》，给孩子们带来"呼"的顺畅。

快板的内容已复印，发到孩子们手中。

"隆个哩个隆，隆个哩个隆，隆个哩个隆，隆个哩个隆，隆个哩个隆。胡琴拉一拉，竹板打一打，天津快板开讲啦，说说蛇年吧。"

只需用手模拟快板打节奏，语言的韵律就自然流淌出来。

"蛇年说点啥？俺真为难呀，蛇的口碑不咋地，没法下口哇。先说那长相，长得忒丑哇，曲里拐弯细尾巴，谁见谁害怕。再说那毒牙，更是歹毒呀，让它咬上一小口，小命就没啦。"

这些蛇年出生的宝宝呀,对蛇有一份不一样的情感啊!连读四遍,越读越来劲。

"始祖是谁呀?伏羲和女娲,女娲抟土造了人,才有咱华夏。伏羲和女娲,长得啥样呀?长得人头蛇尾巴,古代有图画。"

快板书之后,我讲述《蛇年说蛇》。之后,给每个孩子发下一张正方形的红纸,让他们自己创作剪窗花。于平、任凭的剪纸书讲述放在孩子们剪纸之前,是我期待孩子们的剪纸不再是机械的动作,而是动作与情感的联结。

20分钟里,看孩子们折叠、描画、剪贴。看剪出单"喜"后赶忙补上两颗红桃心的创意,看剪纸展开后竟然全然断开的哑然失笑。

 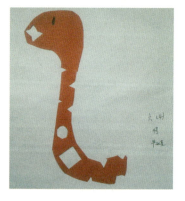

安静剪纸的孩子,让我想起孩子小的时候哭闹,做母亲的什么也不用说,只要搂着孩子,孩子自然能在感受到爱与包容之后,慢慢安静下来。对于生活节奏过快的孩子,我能做的,便是用

图画书与剪纸，给孩子们缓解压力。虽然我什么也没说，但在剪刀与纸的探索中，孩子们寻找到自己在"过满"中失落的和谐与平静。

三

学科的一再跨越，是为了让孩子在熏染之中，与生活连接，与真实相遇，成为扎根于现实生活，扎根于民族文化的有根的中国孩子。

夜晚的气味
——《14只老鼠的摇篮曲》讲述后记

一

平时叽叽喳喳的一年级小朋友，在周二的课上，静坐聆听。

在缓缓的翻页和讲述里，我们能感受到让人平稳、踏实的节奏。

黄昏的光影里，爷爷、爸爸、老大采集食物归来，奶奶在收干透的衣服，老二在劈木柴，妈妈在炖树芽菜，老三、老四和老六在洗碗、摆碗碟。

我们能听到浴室里发出的声音：木柴"噼噼啪啪"燃烧，老八被水烫到的"啊"声，大头的老十卡在衣服里把爷爷逗笑的声音，老六被老五的水枪击中眼睛的"哎哟"声，老二、老七、老八在澡盆里的嬉闹声，老十用劲给爷爷擦背的声音……

温暖的烛光里，妈妈和老三把饭菜端上了桌。饭后，吃小点心，收拾饭桌，讲讲白天发生的趣事。然后，妈妈念睡前故事，哼摇篮曲。十个孩子在月光的轻抚里安睡。

顽皮的老五，睡觉的时候都不安分，头缩到了被子里，脚却伸到了被子外。

忙碌了一天的妈妈和奶奶，终于可以去洗澡了……

二

这是日常到让我们忽略的节奏。一日日，一周周，一季季，一年年，安稳到有如钟摆的摆动，安稳到像婴儿在母亲的子宫里听到的心跳的声音。

这是一家人的感觉。老十雀跃着迎接爷爷、爸爸和老大回家；老九帮奶奶把干透的衣服送到浴室；老十帮爸爸把树芽菜收好；老五烧木柴，老二为一家人准备好洗澡水；一家人望向老六的关切眼神里，老七在责备鲁莽的老五；妈妈带着睡眼蒙眬的老十去尿尿；老五主动给后洗澡的老三、老四添柴火；老三、老四礼貌地跟爷爷奶奶道晚安；老九和老十依偎在妈妈身边听故事。安稳的韵律，把一家人紧紧联系在一起。

沉淀到记忆深处的韵律，将伴随着孩子们走向自信成熟的青春，在沧桑的中年成为最温暖的支持，然后在衰老的晚年，还能品尝、回味。

三

我们又回到封面和封底连成的大跨页。满天细碎、闪烁的光点，在蓝色的夜空里，像许多跳跃的生命。老鼠们在这夜空里，安详入睡。好像呼吸，好像心跳的安静，包围着讲述者和倾听者。我们闻到了夜晚的气味，让人安心的气味。

从故事中回到家里的孩子们，还能有这样深深的安全感吗？在匆忙赶路的日子里，孩子们都有这样安心的陪伴吗？像钉子般能把孩子们钉住的电脑和电视，孩子们有足够的力量拒绝吗？

四

金·约翰·培恩等在《简单父母经》中写道：

白天变黑夜，黑夜变白日，我们饿了会有人喂，我们爱的人会离开又回来。这些韵律对应了一个孩子去了解世界的方式。有了安全感，他们可以出去探险。有了会回来的承诺，他们就可以去探险。这种周期就会是他们一生学习的模式。孩子是信赖着一天的韵律结构，也就是它的可预期性、规律性、固定的脉动。他们会在童年期受益于这种可信赖性、规律性……在一天中最有规律的韵律，在用餐和洗澡、玩耍和就寝，小小孩开始见到他们在这伟大的家庭之歌的地位，在来来去去之中的地位。

在今日，14只老鼠的生活，真的已成奢望了吗？

14只老鼠带来的，是家庭的安心和温暖。家的小船，需要坚固稳定的锚来固定。对孩子来说，安全感的建立，首先来自于家庭，安稳的家庭。

温柔的世界

给孩子们朗读《古利和古拉》。

大村百合子的画,正如松居直先生所说的:"没有丝毫做作,也没有过剩的自我意识,甚至有一种,'我就会画这些了'的腼腆。这种温情带来了最令孩子们安心的世界,而不是让孩子们紧紧张张、战战兢兢地不敢进入,只能从外部看的世界。它宛如大人与孩子很自然地手牵手的世界。"

《古利和古拉》,是很容易让孩子走进的世界。

两只相视而笑的小田鼠,明亮的蓝色、红色、黄色,将孩子们带入一个温柔的世界。

田鼠古利和古拉边走边唱:
我们的名字叫古利　叫古拉
在这世界上　最最喜欢啥
做好吃的　吃好吃的
古利　古拉　古利　古拉

读到最后一句"古利　古拉",孩子们不由自主地加入进来了。

"做好吃的,吃好吃的",这也是每个孩子最最喜欢的。

《古利和古拉》中,用的都是这种"天然去雕饰"的简洁语句,符合六七岁孩子的心理。孩子们毫无负担地听着,故事中的情景便历历在目。

横跨两页的大鸡蛋出现了！"煎一个月亮那么大的荷包蛋""做一个比咱们的床还厚、还松软的鸡蛋卷"，用孩子们的日常用语，自然能让孩子产生共鸣。孩子们的眼前仿佛浮现出了好吃的食物，顽皮的天天，做了一个伸出舌头舔嘴唇的动作。

鸡蛋太大了，装不下，抬不动，骨碌着走又怕撞碎，两只小田鼠绞尽脑汁想办法。鸡蛋的大与田鼠的小，形成极佳的幽默效果。

"他俩抱着胳膊想了一会儿。啪，古利拍了一下手说：'那，咱们把锅拿来，在这儿做吧'。嗯，这是个好办法？啪，古拉也拍了一下手。""啪"字的加入，仿佛让人看到古利和古拉的兴奋劲儿。这两个"啪"字，吸引着孩子们与这两只小田鼠成为一体，心无旁骛地进入故事的世界。

古利和古拉一边唱歌一边等蛋糕烤好的时候，小动物们都悄悄围过来了。嘴馋的小动物守在锅旁的样子，多像一群孩子在等吃的呀！

蛋糕烤好了，小动物们甜蜜地分享着。孩子们的口水都快流出来了。

"猜猜看，古利和古拉用蛋壳做了什么呢？"

余敬泽说："做了一个大锅。"噢，还想做一锅蛋糕，意犹未尽啊！

翻过来，只有图画的最后一页上，大蛋壳一分为二，古利和古拉坐在前面开车，后面的蛋壳车厢里放着做蛋糕的工具呢。

"滴滴叭叭，滴滴叭叭。"男孩们忍不住喊开了。

松居直先生说："图画书对幼儿没有任何'用途'，不是拿来学习东西的，而是用来感受快乐的。"

每一幅图画将文字最形象地展现在孩子们眼前，作品的形象化，让孩子们满怀喜悦地听我朗读完了这本图画书。

《古利和古拉》，是能真正给孩子带来快乐，让孩子觉得有趣的书。

郑鼎耀先生曾说："我们的教育是病了，李远哲博士曾表示，光从小朋友上学很不快乐这件事上，就已经告诉我们，台湾的教育是病了。早上七点半，孩子们到学校去上学，带着的除了沉重的教科书外，更肩负着父母的期许与未来的升学压力。除了考试还是考试，全天下最重要的事就是读书。我们的教育制度好像是考试机器的制造者，经过了压抑、筛选、机械式的训练，严格的品管控制，就是要找出最会考试的机器，至于那些不适于考试的人，就用一元化的价值观将他们贴上标签，淘汰在一边。"

阅读图画书时一直微笑的孩子们在告诉我：快乐，是作为"人"的儿童，所最需要的。

第四辑

和儿子一起读书

我是儿子的朗读者

朗读记录一：朗读流水账

我给儿子读的第一本整本的书，是《木偶奇遇记》。匹诺曹的鼻子一说谎就会变长，对儿子来说印象不是很深刻，因为四岁的他不担心会有此遭遇，那是一个有一说一的年龄。他印象最深的是玩具国的孩子都变成了驴子。

有那么一段时间，我会在他贪玩时用很夸张的表情惊讶地对他说："儿子，你的耳朵后面好像长出了一点点的驴毛。"他就会摸摸自己耳朵的后面，当然是什么也摸不到。我继续跟他说："一点点而已，妈妈看得到，但是你摸不到。等长长了，你就摸得到了。不过，你看一会儿书，这一点点驴毛就消失了。"耳朵后面他当然是看不到的。他就会安静地去看一会儿书，因为他担心自己长了驴毛后，说不准哪天早上醒来，会和匹诺曹一样，长出两只驴耳朵。

之后，我陆续给他朗读了《汤姆·索亚历险记》《侠盗罗宾汉》《勇敢的船长》《环游地球八十天》《鲁滨孙漂流记》。这是一套外国儿童文学名著的绘本，图文并茂，字也比较大，但是个别的地方有错别字。我一边给他朗读，一边将错误的地方进行了修改。后来儿子识字后开始陆续读这些书，我非常庆幸自己在朗读时将书中的错误进行了修改。

2006年的9月—12月，我给五岁的儿子朗读了《汤姆·索亚历险记》《勇敢的船长》《环游地球八十天》。读《勇敢的船长》时，儿子画了许多关于船的画。读《环游地球八十天》时，我买了世界地图，还买了世界地图的拼图让儿子去拼。

2007年1月，花了大约一个月的时间，我给儿子读完了《鲁滨孙漂流记》。

2007年2月，我给儿子朗读《白牙》。这是儿子最感兴趣的一本书。当时正值假期，我不分白天黑夜地读，读的人喉干舌燥，听的人两眼发亮，不到五天这本书就读完了。

2007年3月，读《金银岛》，儿子的画里开始出现独眼的海盗形象。

之后，儿子醉心于"跨越时空系列"，了解金字塔、地震、美国的西部变迁和城市故事；醉心于"神奇校车系列"，科学的奥秘在生动有趣的图、文中一一揭示。

2007年3月底，我给儿子读《荒岛上的野狗》，重新拾起外国名著系列，没读完就搁置了。4月2日，因为他正在看关于福尔摩斯的动画片，我给他买了《福尔摩斯探案集》。睡前念这个，我有点儿害怕，所以读了三天，换成了读《昆虫记》。读《昆虫记》时，应儿子的要求，为他买了放大镜，以满足他模仿法布尔用放大镜观察昆虫的愿望。

5月16日开始，为儿子朗读《西顿动物故事》。他对其中的《野猪泡泡》情有独钟，要求我把这一篇读了三遍。

6月5日，为儿子读《一千零一夜》，但没有读完。2007年暑假，朗读《十万个为什么》之"动物卷"。

从8月27日开始，给儿子读《格列佛游记》。后来，给他朗读《最后一个莫西干人》。这套外国儿童文学名著，图文并茂，很吸引孩子，可惜的是其中有错别字。我每次读的时候，床头柜上都放一支笔。读到错误的地方,我就随手纠正过来。虽说错别字是编辑心中永远的痛,但我还是祈愿孩子们的书里不要出现一个错别字。

朗读记录二:"它用叫声代替眼泪"

临睡前,我给儿子接着读《荒岛上的野狗》。这本书由《失踪的野狗》《野狗阿卡》《狗王那智》三个独立的故事组成。以前我给他读过《失踪的野狗》《野狗阿卡》,但后来他不想往下读了,也就搁置了下来。前几天,他又翻出了这本书,接着往下读《狗王那智》。

当晚读到的是《祸不单行》这部分。

两只伤痕累累的狼犬在村落里的垃圾堆里寻找食物时,被村民们用棒打。"背上、头上,棒如雨下。"那智逃出。在村民们睡着后,"那智又悄悄地、小心翼翼地到了村里"。它开始寻找那呜呜叫着倒了下去的最后一个狼狗同伴。可是"那只狼狗已经僵硬了,像冰块似的冰冷"。"那智坐在沙滩上,鼻尖向着月光皎洁的天空。呜噢——噢——呜噢——噢——就像狼一样地嚎着。"儿子说:"它想流泪,但它不会流泪,所以它用叫声代替眼泪,对着天空叫。"

朗读记录三:不死药

睡前,读《荒岛上的野狗》之《偷袭家畜》。读完这部分,儿子看到下部分是《毒药》,就要求再念一节。这一节写狼犬那智因误食了加了"不需猫"毒药的牛肉三明治而中毒,通过不停地吃青草呕吐,凭借自己顽强的生命力才渡过难关的事。

读完了,儿子问:"如果我们人中毒了该怎么办呢?""那只有送往医院抢救了。"我又跟儿子说起一个小孩误食老鼠药死亡的事，提醒儿子不要乱吃东西。儿子说："我要发明一种不死药，来救活中毒的人。""每个人的生命只有一次，世界上没有不死药。"儿子坚持说他可以发明出来。我没有再和他争辩，关灯，睡觉。

朗读记录四：有温度的小百科全书

有段时间给儿子读的是一套小百科全书。这套书一改百科全书的纯知识化，由一个个小故事组成。儿子首先选中的是《城堡时代》。这本书我已经连续给他读了五遍了，他仍然要求再读。用他的话来说："你读到我听烦了为止。"小故事旁边的"你知道吗"，自然地将知识渗透其中。因为故事，欧洲中世纪的人和事穿越了时空生动地呈现在我们眼前。故事的主人公是领主蒂博、残暴的西蒙、勇敢的罗朗骑士。

这本书的内容因为重复多次，所以儿子在和他爸爸打闹时，脱口而出的是："残暴的西蒙来了，蒂博领主求救。"我马上接招："罗朗骑士来救你啦！"

儿子可以自己阅读之后，每天晚上睡觉之前，我仍然会给他读书。有时候我太累了，想偷偷懒，儿子总是说："妈妈，你忘记给我读书了。"

朗读记录五：沉入历史的世界

儿子六岁时，我给他朗读了《上下五千年》上中下三册。这是一套很老的书，是林汉达和曹余章编著的。这套书没有现在的历史书豪华，插图是黑白的。文字读起来就像流水一样的顺畅。这一套三本读完之后，儿子对历史产生了浓厚的兴趣。六岁的他，识字还不多，就在逛书店时让我给他买《中国通史》。我问他：

"你确定要买吗？"儿子点点头。那时他读一年级，每天在家里读《中国通史》，还带到学校去读。他经常会跟周围的人聊起他在书中看到的内容。

长大一些，他把《上下五千年》三本读了两遍，《林汉达历史故事集》读了两遍，林汉达的《东周列国故事》也看了两遍。从看历史书，他迷上考古，然后一发不可收拾。七八岁，他读了《国宝传奇》《中国十大考古发现》《世界十大考古发现》《失落的文明》《中国历史悬案》《世界历史悬案》《埃及金字塔》。他对参观博物馆兴趣浓厚。辛追夫人的展览他去看了三次，他还看四羊方尊，看陈国公主墓，看金缕玉衣，看兵马俑。八岁时，他去了西安。看兵马俑之前的那个晚上，他激动得不得了。《考古发现》《远古人类》《探索与发现》《考古探墓》《台北故宫》的碟，他特别喜欢看。他希望我能给他买考古用的洛阳铲，他在乡村奶奶家的后院里用锄头挖了大大小小的许多坑，梦想挖到古代的城墙。他喜欢上了甲骨文。他在生字本写拼音的地方写上甲骨文，在田字格里写上对应的汉字。到五、六年级，儿子在不同的时间段，将《吴姐姐讲历史故事》一套15本，反复看了四遍。到现在，读初一的他，已看完了《全球通史》和《中国通史》。

这些历史书籍在相互呼应，相互补充，拼接成一个孩子心中的世界。

朗读记录六：聊一聊

2010年2月16日晚，我给儿子读《人类是如何进化的》时，让他看科学家重组出的露西骨架。儿子说："我知道这个骨架为什么叫露西。当工作人员发现她的骨架时，他们正好听到了披头士的《露西》这首歌，所以把她命名为露西。"

2010年3月16日中午，儿子和我聊《狼王梦》。他说："狼的腹部是最脆弱的地方，野猪长长的獠牙刺进了它的腹部。狼躺在草地上，临死也没有闭上眼睛。"

2010年3月18日晚，我给儿子读《蜘蛛王国》，其中提到一种仅有3毫米的微型蜘蛛，它们在草地上结片状的网。儿子便说："我看到过这种网。前年夏天，我看到这种片状网上粘了一只大蜻蜓。"

2010年3月19日晚，我偶然问起儿子："你怎么不读读《堂吉诃德》呢？"我在他五岁时给他读过这本书。儿子摇摇头，说："我不想看。你小时候给我读书，睡觉后我做了一个噩梦，我一直都记得。我梦见堂吉诃德和风车打仗，我也去帮忙，结果我掉进了万丈深渊。"关于堂吉诃德，我想起在读到桑丘在旅店中受捉弄的趣事时，儿子要我连续读了三次，每次听着听着就会捧腹大笑。我还想起，当我读到书的末尾，堂吉诃德死了的时候，儿子便把头伏在被子上。我轻轻地问他："你怎么啦？"儿子说："我要哭了。"

"雾灵三部曲"写的是人类已经从地球上消失，成为化石的事。这三本书儿子是看了又看，经常是过一段时间，就把这套书又搬出来，还希望我再买一些这个作者的书给他。到上海世博会的参观，更让他深刻地认识到了环境保护的重要。前几天，我听了一位老师上的《与象共舞》。回到家以后，我就从课本中找到了这篇课文读给他听。儿子说："妈妈，这些象都是劳役象，它们的生活条件很差，它们一点儿也不快乐。"记得在两年前，我带他去泰国旅游，他那个时候特别喜欢看大象表演，还骑着象玩了一大圈。我满以为读这篇课文会引起他的回忆，没想到他会说这样一句话。我想，与象共舞，只是我们人类自己的感觉。阅读，让他能站在动物的角度去看我们的世界。如此，他才有可能产生对万物的悲悯之心。

朗读者培养出阅读者

为儿子的朗读，我经历了从不自觉到自觉的过程。让我成为一个自觉的朗读者的，2006年11月在武汉田汉大剧院听到的台湾台东大学林文宝教授关于《生死朗读》的讲座可以说是开端，读看云的一系列书及吉姆·崔利斯的《朗读手册》，让我坚定地走入了朗读者的行列。而给儿子朗读的这几年，更让我深信，如果你是朗读者，你的孩子就一定能成为阅读者。

所谓自觉，就是把朗读放在与孩子一起走过的这段生命旅程中不可或缺的位置，从而日行不辍，把声音织进与孩子共度的每一天里。

给儿子的朗读，我从未间断过，我的朗读是儿子进入梦乡的前站。但是，关于朗读的记录，我是三天打鱼，多日晒网。

下面的这份记录可能是我在2007年3月1日整理的。2006年1月，儿子四岁多，而2006年之前的朗读我没有记录。

时　　间	朗读内容
2006年2月	《木偶奇遇记》
2006年9月—12月	《汤姆·索亚历险记》《勇敢的船长》《环游地球八十天》
2007年1月	《鲁滨孙漂流记》
2007年2月	《白牙》《三剑客》
2007年3月1日（始）	《金银岛》和"跨越时空系列"

续表

时　间	朗读内容
2007年4月2日（始）	《荒岛上的野狗》（部分）
2007年4月—5月	《福尔摩斯探案集》（部分）
2007年5月16日（始）	《西顿动物故事》
2007年6月5日（始）	《一千零一夜》
2007年暑假	《十万个为什么》（动物卷）
2007年8月27日（始）	《格列佛游记》
2007年9月10日（始）（儿子上一年级）	《最后一个莫希干人》
2007年10月	《荒岛上的野狗》（部分）
2007年11月	《城堡时代》《草原动物》

儿子五岁左右，我给他读完了《堂吉诃德》，还有《侠盗罗宾汉》，也应该是在这时给他读过的，但在这份记录上没有找到。可能是2007年凭记忆整理时漏掉了。

在儿子六岁多时，我给他读了《上下五千年》上中下三册。之所以要特别提到这套书，是因为它们在儿子的阅读中占据太重要的地位。

还找到一份记录。

时　间	妈妈朗读内容	儿子自己阅读的书
2009年3月	《美德书》	《国家宝藏》《地理之最》
2009年4月30日（始）	《教育就是培养习惯》（仅读里面关于好习惯的小故事）	《鲁滨孙漂流记》《汤姆·索亚历险记》《我最想知道的5000个神秘地方（中国卷）》
2009年5月25日（始）	《365天环游地球》	《中国历史悬案》《精灵鼠小弟》《海底两万里》《夏洛的网》《灾难来临》

续表

时　　间	妈妈朗读内容	儿子自己阅读的书
2009年6月9日（始）	《365天环游地球》	《吹小号的天鹅》《动脑筋爷爷》
2009年6月14日（始）	《365天环游地球》	《101个世界之谜》
2009年6月19日（始）	《365天环游地球》	《世界十大考古发现》
2009年7月30日（始）	《环球国家地理》	《一千零一夜》《格林童话》《骑鹅旅行记》《豪夫童话》《安徒生童话》《彼得·潘》《王尔德童话》《胡桃夹子》《吹牛大王历险记》《爱丽丝漫游仙境》《列那狐的故事》《贝洛童话》（暑假是读书的黄金时间）
2007年8月17日（始）	《环球国家地理》	《古墓探秘》《昆虫记》10本

这两份仅存的记录如果对照整理一下，可以看到儿子阅读的历程。

书籍名称	妈妈朗读的时间	儿子自己阅读的时间
《汤姆·索亚历险记》	2006年9月—12月	2009年4月30日（始）
《鲁滨孙漂流记》	2007年1月	2009年4月30日（始）

我给儿子朗读的书，儿子后来基本上自己阅读了。现在儿子阅读的速度已经大大超过了我给他朗读的速度。

我给儿子朗读的情景在日记中也能找到只言片语。

2006年10月

我不舒服，早早地睡下了。朦胧中，看到儿子拿着《幼儿画报》要我给他讲故事。我说："妈妈的头快要爆炸了。"儿子连忙说："妈妈，我自己睡觉。"

……

历时一个多月，读完了《汤姆·索亚历险记》，儿子选择读下一本书——《勇敢的船长》。

2006年12月2日

《勇敢的船长》已读完，儿子开始要我给他读《环游地球八十天》。福格先生和万事通开始陪伴儿子。

2007年3月17日

给儿子读《金银岛》。

2007年6月9日

睡前，我开始为儿子读《一千零一夜》。读完《阿拉丁神灯》之后，他又要求听《阿里巴巴和四十大盗》。

2007年6月9日

他听我讲完《地震之灾》，便安静地睡着了。

2007年8月27日

晚上给儿子读《格列佛游记》，他特别感兴趣。

固定时间的固定朗读，让儿子感受到生活的安宁和平静。印在纸面上的冰冷文字经由母亲的朗读而有了温度。朗读把儿子带入了文字的世界。阅读能成为儿子生命中的一部分，成为他如影随形的习惯，朗读功不可没。

这些和儿子一起读书的日子，滋润着我们的生活，让我们暂时远离喧嚣；这些和儿子一起读书的日子，让电脑和电视在试图楔入孩子的生活时，孩子拥有了一些抗衡的能力；这些和儿子一起读书的日子，渐渐沉入我们生命的深处，成为我们生命中最柔软最温润的角落，成为我们生命中力量的源泉。也许在某一天，这些记忆会在我们寂寞时轻唱，在沮丧时给我们前行的力量。

记下这些琐碎，只是想和大家分享，让孩子成为一个阅读者远没有我们想象的那么难。朗读，将让孩子在无意识中轻松地爱上阅读。只是朗读开始得越早，孩子成为终身阅读者的机会越大，父母所付出的心力也就越少。

朗读者培养出阅读者。趁着孩子还小，大声地为他朗读吧。

一定要有家庭藏书

每次和儿子逛书店，包括近一年来，我在网上购书，我都会给他买两类书：一类是他自己选的书；一类是我给他选的书。他自己买的书，他肯定会看。至于我给他选的书，他有时候看，有时候不会看，我也不强求他，就让他搁在书架上。

促使他拿起搁在书架上的书来的，也许是同伴的影响。比如《鲁滨孙漂流记》，在他五岁多时给他念完以后就搁在书架上了。读一年级时，他有一次回来问我《鲁滨孙漂流记》放在哪里，原来他们班的一个同学在看这本书。

也许是在他翻翻找找之间，发现我给他买的书有意思而读了起来。我发现了他这个特点后，就总喜欢说："你打开这本书看看，就看几页。"比如《德国童话故事》，我就是这样向他推荐的，他看了几页后就放不下了。

也许是在我反复地给他介绍某一个作家的书。比如林格伦的系列书籍，我之前给他买回来的几本书他总是搁在那里。第二年暑假，我反复跟他讲全世界的孩子都爱极了长袜子皮皮。他最先读的是林格伦的《淘气包埃米尔》。他读完以后很兴奋，常常会跟我讲埃米尔的淘气事。

也许是因为年龄的变化对某一类书特别感兴趣，比如去年他很爱读动物小说，今年他喜欢读冒险类的故事。他把《鲁滨孙漂流记》在近两个月里读了两遍。他读英国女作家伊迪斯·内斯比特的《四个孩子和一个护身符》后,指着序言部分的一段文字对我说:"妈妈,这个作家还写了《五个孩子和一个怪物》《不死鸟和飞毯》,一听名字就有意思。给我找找这两本书。"

儿子读书有一个特点,即在读完这本书后的某一个时间段,他又会找出这本书来读,反反复复地读。所以,家庭一定要有一定量的藏书,不仅仅是为了营造阅读的氛围,更是为了顺应孩子喜欢反复阅读的特点。

退一步,再退一步

曾经有人问我:"你是怎么教会儿子阅读的?"阅读不是教会的。在儿子阅读的过程中,我一直在淡化自己因为职业习惯带来的想指导他读书的冲动。我一直在提醒自己,退一步,再退一步,安静地看着他阅读。

退一步,是为了尽可能不对孩子的阅读造成干扰。这些干扰可能是:(1)读书必求有所收获,甚至是立竿见影的收获,如阅读是为了提高孩子的写作能力;(2)读书必要积累,要内化,如读书后把好词佳句摘抄在"采蜜本"上;(3)读书必要有始有终,读完一本书后方能读另一本书;(4)教师推荐的书、父母买的书,非看不可,不看就视为一种浪费。

我需要用母亲与孩子之间天然的了解与契合,为孩子选书,不断地把好书买来,放在家里的书架上、沙发上、床头柜上、书桌上。余下的事情,主动权交给儿子。哪本书他自己读,哪本书他要我给他读,哪本书他不想读,一切由他。如果想让孩子爱上阅读,我们就不要强势地给孩子上"紧箍咒"。

记得他八岁时的一天,他那天的阅读与往日不一样,有些怪怪的。他坐在客厅时,读的是一本书;在餐厅时,读的是另一本书;而在卧室,他读的书又不一样了。我虽然觉得奇怪,一本书还没看完怎么又在看另一本书,但也没有去问他,读了就好,不必去问为什么,我想他也说不出个为什么。又有谁规定了看完一本书后才能去看另一本书呢？我自己不是也有这本书没看完，又在翻另一本书的情况吗？

后来，他又出现了类似的情况，原因是这段时间我给他买书买得太勤了。对别人推荐的好书，我就像猎犬一样敏感，不仅心动，而且马上有行动。在搜看云推荐的《幼学启蒙》这套书时，还买了儿子一直想买的伊迪斯·内斯比特的经典幻想系列。后来，又给儿子买了"幻想文学大师书系"。书一多，儿子就有些眼花缭乱了。从书签来看，《跛脚迪吉》他看了一小半；米切尔·恩德的《十三海盗》大约已接近尾声了；前一段时间给他买的《汉娜的手提箱》，才刚看个开头。

这两件事是特例，儿子一般情况下都会把整本书读完，因为"小书虫"常常被一本好书弄得欲罢不能。举这两个例子，只是想说，孩子享有充分的阅读自由。

儿子读书的时候，有没有把每个字都细致地读过，有没有读懂，我没有刻意要求。不奢求孩子读一本书必求有一些看得到的收获，正如没有哪一位母亲能够准确地说出今天早上吃的几个馒头长出的是哪一块肉。不过，我也有克制不住想管他的时候。儿子读书的速度很快。一天晚上，他在读《时代广场的蟋蟀》，我忍不住凑过去和他一块儿读了几页（儿子不太喜欢我在他旁边和他一块儿看书）。没想到我还没看完，他就开始翻页了。几页之后，我终于忍不住了，问他："你到底读完没有？""读了呀！"他嘴里回答我，眼睛还盯着书。"那你说说刚才这几页写了什么？"他说出大致内容，继续看书。我想：他可能是跳读，选择自己感兴趣的情节在看，不感兴趣的就跳过去了。后来我曾和小雨妈妈聊起这件事，她说小雨读书的速度也很快，只是她认为，孩子具有我们成人已经退化了的能力，他们阅读时是整体输入，速度自然比我们要快。

我给儿子买的书，他一般都喜欢看。有的书则是在同学的触动下，或是在我热心的推荐下，才拿起来读的；有的书，他还没有看过。但我相信，说不定在什么时候，他会拿起那本书读起来。前几天，他开始读我一年多前给他买的《古堡探秘》。就算有些书他不去碰，我也不会硬逼着他去读。我不也有买了书以后，没有读便搁置了的时候吗？

退一步，再退一步，只要读起来就好，但退步也是有底线的。比如说，不读垃圾书、低品位的书。有时候孩子为了能融入同学群体，与同学有共同的话题，他会跟风，要求我买某些书，我会在他的软磨硬泡下克制住我的"慈母心"，不给他买。

他的父亲曾感慨地说："这辈子这孩子都离不开书了。"是的，作为父母，我们对儿子的阅读没有太多奢求，只要阅读能成为他的生活方式之一，成为他生命中的快乐之一，我们就心满意足。像薛瑞萍老师所说的，只要读起来了，"一切该有的都会有"；如大师苏霍姆林斯基所说的，阅读所成就的孩子的"宽阔的智力背景"，是我们作为父母希望看到但不强求的，因为孩子读书时的幸福模样就足以温暖我们的心。

"不是槌的打击，而是水的载歌载舞，使鹅卵石日臻完美。"完美的鹅卵石，源自温柔的水；完美的鹅卵石，来自难以察觉的渐变，而非突变。在缓慢的时间的流里，浸润在书中的孩子，总会有一些东西沉淀在他身上，让他的眼神变得清澈，内心变得丰富、强大。在孩子最初的阅读里，作为母亲，需要退一步，再退一步，让他在宽松的没有压迫的氛围中充分地感受阅读的自由与快乐，从而让他成为一个终身阅读者。

他看了又看的书

他,四年级男生。"看了又看"的次数有两遍、三遍,或者是许多遍;间隔时间长短不一,有时是看完以后马上接着看第二遍,有时隔个三五天,有的书是隔一段时间就要拿出来"反刍",用他的话来说,就是"看旧书的时间到了"。

"穿越时空"系列书撰文:尼古拉斯·哈里斯,绘图:彼得·丹尼斯,北京科学技术出版社出版。

从这套书开始,我关注这个出版社出的书。给儿子买的这个出版社的书还有《法布尔昆虫记》一套10本;《西顿动物记》一套5本——《孤熊华普的一生》《春田狐的爱》《永远的领袖银斑》《田野主人豁豁耳》《红颈环的林中悲歌》。这两套书也是他看了又看的书。《图画捉迷藏》5本,城市的孩子只能在纸上捉迷藏了。金贝壳小学生经典文库世界幻想小说大师作品选5本,《超级豚鼠飞越印度》他最喜欢,《蓝色星球》《韦波拉拉》《下水管的天使》都看完了,《浩哲的魔力眼镜》按说应该会吸引他,可是他一直没有看这本书。我也没问他是什么原因,就让它搁着吧。

"穿越时空"系列共12本,分别是《城堡风云》《蛮荒西部》《火山惊魂》《沉船探秘》《城市故事》《恐龙世纪》《金字塔记》《火星之旅》《地震之灾》《玛雅迷城》《交通演变》《人类始祖》。

儿子买齐这套书颇费了些周折。

最初看到这套书,是在儿子入学前,好像是五岁的时候,我记不太清了。那时我还没有在网上购书,隔一段时间我就带他到书店去买书。省新华书店、袁家岭新华书店、定王台图书城只需步行十几分钟就可以到。这些书店我都带他去买过书。

那天,我带儿子去弘道书屋。儿子找到书,就坐在地上看。我也在帮他找书。那时候,他还太小,我找书时不敢离他太远。在靠近窗边的柜子上,我看到了这套书。最先看到的是《交通演变》。像所有的男孩子一样,儿子有特别迷车的一段时间。拿起书,翻到扉页,一个鞋印赫然入目,书被踩脏了。但这不悦瞬间就被书上那呼啸着把我带到过去的图画消融了。从最早的三轮马车、四轮马车、帆船,到运河与铁路的建成,交通工具从大约3000年前到今天的时空里一一出现。它有别于儿子很小的时候看的那些一个实物图片与相应名称对照的书。在这本书里,每一种交通工具都融入了那时那地那人的生活中,它们奔驰在原野、乡村、城市,它们和当时的人每一天的生活息息相关。看,马车在尘土漫天的路上翻倒,驾车的两个人即将摔倒在地;海盗在洗劫港口,一个强盗截住了一辆私家马车;运货火车的旁边,工人们正在铺设铁轨;单翼机上,主人志得意满地带着小狗在城市的上空翱翔。书的前面还有孩子喜欢的捉迷藏游戏:"找一找图中这对情侣,每一幅图里都有他们,不过有时候他们很难找哦!"难找才有意思。书中有很多剖面图。如"宫殿内部(为了看到宫殿内部我们将宫墙隐去)";在大船上挖几个"洞",露出舱内的加农炮、折叠的备用帆、储备仓、食物仓。

我把书递给坐在地上的儿子,他翻了一下,立马说:"买了。"

可惜的是,这一套书不齐了,《恐龙世纪》《火星之旅》《人类始祖》已经卖完。

《城堡风云》让他明白了投石器和射石器、攻城槌在攻城中的巨大作用。之后,他买来了城堡的拼图,开始了自己的城堡之战。

《沉船探秘》中的"钟形潜水器"儿子很感兴趣。"一辆踏车将钟形潜水器放入海底,那里面装满了空气。只要潜水器内还有空气,潜水员就可以继续待在水下。"

《玛雅迷城》《金字塔记》让他对考古的迷恋持续升温。

《玛雅迷城》的第一页,大约3000年前中美洲雨林深处村民们普通而平静的生活画卷。儿子最感兴趣的是制作独木舟。那时他听我朗读过《鲁滨孙漂流记》,鲁滨孙也做过独木舟。他问我:"爸爸会做独木舟吗?"他恨不得爸爸变成身上只有一块兽皮遮掩的原始人。还有那个吹箭射鸟的人,太牛了。他觉得不可思议的是几个妇女向天神奉献自己的鲜血,图上穿绿色花袍的女人正用荆棘编的绳子穿过舌头。他担心她这几天可怎么吃饭。吃嘛嘛香的儿子关心这个一点儿都不奇怪。

他仔细研究《金字塔记》的每一幅图,不放过每一个细节。埃及人把沉重的石块拉上斜坡的办法太妙了:"转弯时,工匠们用杠杆撬动石块改变方向,同时一些人在轨道上洒水,尽量减少摩擦,使弯道顺畅。"我们家关于金字塔的书也多了起来。他七岁的时候吧,带他去电影院看过《史前一万年》,影片中也有造金字塔的情景。金字塔引发了他对古埃及文明的兴趣。他曾跟我讲过图坦卡蒙以及考古学家发现图坦卡蒙的经过;讲过胡夫金字塔;讲过埃及的古老文字是如何破译的,并梦想着破译还没有解开谜底的一些甲骨文。

这一套书缺了三本,其中有一本是《恐龙世纪》。那时儿子迷恐龙,我相信每个男孩都有这样一个阶段。儿子的宝贝恐龙书在书柜中占了满满一格。他读一年级的时候,同学借了他的一本恐龙书,然后又辗转借给了一个三年级的同学。结果,这个三年级的孩子把儿子的书撕成了三个部分,是我后来用线把它订起来的,儿子不知道有多心疼。

我们俩把周围的书店跑遍了，也没有买到《恐龙世纪》。

直到儿子读三年级的时候，我开始从网上购书，搜到了单本卖的《恐龙世纪》，但《火星之旅》《人类始祖》单本总是缺货。做妈妈的最不忍心看到儿子眼巴巴的眼神，在网上订了全套，给他买来了这两本书，总算了却了他几年的心愿。剩下的十本送给了儿子的好朋友。

"穿越时空"系列我曾给很多孩子推荐过，男孩尤为喜欢。

安然入眠
——给儿子朗读《晚安，大猩猩》

睡前，给儿子朗读佩吉·拉特曼的《晚安，大猩猩》。

简单到只有一个句式的图画书，儿子是那么喜欢。

第一页，颜色缤纷的动物园。拿着手电筒的管理员，眼睛已经睁不开了，睡意蒙眬地道一声："晚安，大猩猩。"一脸亢奋、毫无睡意的大猩猩从笼子里探出手来，轻轻地取走了管理员腰间五彩的钥匙。在大人毫无察觉的情况下小小的捣蛋，是孩子喜欢玩的游戏。

窝在靠枕里的儿子笑着："大猩猩要逃了。"翻页，哈哈，大猩猩胜利出逃，蹑手蹑脚地和扛着香蕉的小老鼠跟在了管理员的身后。

眼皮已粘上的管理员走过大象的"房间"，说："晚安，大象。"紫色的"房间"里，大象把长鼻子懒懒地靠在了栏杆上。儿子指着那片紫色的钥匙，说："用这片。"比大猩猩还急。

"晚安，狮子。"当管理员走过狮子蓝色的"房间"时，身后已跟着步态从容的大象和拖着香蕉的小老鼠。大猩猩踮起脚用蓝色钥匙开门。雄壮威猛的狮子在佩吉·拉特曼的笔下变成了满脸稚气的孩子。

接下来的故事已在预料之中，道出"晚安，鬣狗""晚安，长颈鹿"的同时，笼门大开处，鬣狗在轻笑。大猩猩绅士般地扶住打开的笼门,长颈鹿轻盈地迈出了前脚。

故事在相似的情节中继续向前走。"晚安,犰狳。"管理员躬下身子,淡黄的手电筒光亮里,管理员和犰狳相视道"晚安"。熟悉的情节一再出现,让孩子倍觉安心。

在这舒缓的节奏里,看老鼠、大猩猩、大象、狮子、鬣狗、长颈鹿和犰狳缓缓出笼,静静地跟在管理员的身后回到了他的家。

管理员的妻子道声"晚安,亲爱的",准备把台灯关掉。此时,动物们已在屋内各就各位:长颈鹿和大象靠在窗户边,小老鼠枕着香蕉睡在抽屉里,狮子趴在床头柜前,鬣狗和犰狳蜷缩在床边,猩猩已钻进了被窝里,靠在管理员妻子的身边。

最有趣的一个大跨页出现了。不见五指的黑暗中,七个大小不一的泡泡框出现了,每个框里出现的都是"晚安"。儿子呵呵笑起来,指着泡泡框,一一说出道"晚安"的动物的名字。在一片黑暗中,借着上一页的记忆,孩子自然知道,每一句"晚安"是哪个动物道出的。

又是一个大跨页,又是无边的黑暗。黑暗中,仅出现瞪圆的双眼。这是谁?这下儿子猜不出来了。翻页,管理员的妻子已开灯,惊讶的表情,瞪大的双眼。被窝里的大猩猩在龇牙对她笑。

下一页,穿着睡衣、戴着睡帽、拖着拖鞋的管理员的妻子带着动物们鱼贯而出,回动物园了。大象、狮子、鬣狗、长颈鹿、犰狳回"房间"休息。"晚安,动物园。"大猩猩提着五彩的钥匙串,小老鼠拖着它抱着、扛着、举着、枕着,一直不离手的香蕉,跟在管理员妻子身后,走在了朦胧月色笼罩下的绿草地上。

管理员的妻子和管理员再道"晚安",关灯。小老鼠和大猩猩挤在他们俩中间,进入黑甜的梦乡。

睡前的时光,是一天中日子过得最慢,来得最安静的时刻。《晚安,大猩猩》,正是适合此刻缓慢节拍的一本好书。

这本书何以能成为睡前故事的不朽经典，温暖无数孩子入眠？

颜色。粉粉的颜色，让人恍如走入梦境。粉紫、粉绿、粉蓝、粉黄，像催眠曲中让人耷拉下眼皮的音符。

形象。不管是人，还是动物，都是安静的表情。这种安静的感觉，对入睡是多么重要。看着这些有着安静表情的动物，你会渐渐滤掉它们曾留在我们记忆中的角色特点。在缓慢的翻页和朗读中，它们渐渐变成了孩子，一个个走向就寝仪式的孩子。

管理员一直背对着动物们，他一直都没有发现跟在他身后的动物。当父亲和当母亲的，看到他的这个样子，会有想起往事中的某个画面的温柔。小小的孩子，最爱玩的就是自以为爸爸和妈妈没有发现自己的这种游戏。小的时候，儿子最喜欢捉迷藏。躲在衣柜里，拖鞋就放在虚掩的柜门边；藏在被子下，拱起一个"大包"。我常常是装模作样地到处找，一边找一边还要说："咦，儿子到哪里去了？""啊，宝宝怎么藏得这么好！""哎呀，我找不到啦！"那个藏得"那么好"的宝宝就会得意地"咯咯咯"笑。做妈妈的还要假装什么都没听到，继续"找"下去……

这个一直背对着动物们，最后倒头就睡的管理员，像极了孩子们的父亲。而那个牵着大猩猩的手，耐心地送动物们回各自"房间"睡觉的管理员的妻子，是不是像极了孩子们的母亲？

情节。除了在黑夜中的两个跨页，其余的情节都是可预期的、透明可见的，没有跌宕起伏，没有峰回路转，只是维持着一贯的发展，循着同样的轨道缓速前进。这种和谐、安宁的韵律，熟悉如婴儿期母亲哄孩子睡觉时来回的摇摆，类似于母亲子宫内的心跳声的韵律，在孩子的呼吸和心跳中回响，带他入梦。

细节。每个动物"房间"里满地的玩具，管理员家墙上的照片，小老鼠的香蕉，这些细节都唤起孩子对角色的认同。特别是动物们排着队鱼贯而行的场景，是孩子最熟悉的，而队伍中的秩序感和安全感，是多么适合这个睡前的故事。

"如果生活是一句不停的话语，'安息的一刻'就是暂停，就是标点符号。"（《简单父母经》）

在这个沟通日益频繁的年代，《晚安，大猩猩》，让我们找到了"安息的一刻"。

安然入眠……

发现真实的自我
——读《藏在名画里的猫》

某天中午,与儿子下楼,准备去学校。儿子站在楼梯上,指着远处:"妈妈,看那只猫。"透过走廊的窗户,看到远远的可能是配电间的平顶上,一只黑猫把前爪高高抬起,一直抬到几乎和身体成为一条直线,仿佛一个直立的人。大舒展之后,它轻盈地跃上一根粗大的管道。

一只自由行走在屋顶的野猫。

晚上,面对第二天的期末考试,说自己好紧张的儿子,在灯下忙着看他第二遍阅读的《吴姐姐讲历史故事》。

睡前朗读《写给孩子的哲学启蒙书》中的《爱情与友谊》。读完两篇后,突然想起中午看到的那只猫。我从书柜中拿来《藏在名画里的猫》,开始朗读。

乍一看封面,儿子忍不住把手从暖暖的被子里拿出来,指着《蒙娜丽莎的微笑》——蒙娜丽莎的怀里竟然依偎着一只温顺的白猫。

第一、二页是一个大跨页,画面上三只大猫的眼里盛满参加盛会的期盼与喜悦。文字的叙述在惊讶之下暗藏着大聚会的喜悦。

"天哪!全城的猫都在朝着一个地方走呢!"

儿子指着那只毛茸茸的、嘴间衔着两尾鱼骨的猫说:"它还不忘备上零食呢!"

翻过来，又是一个跨页。画图者比·威利是懂儿童的。大大小小的猫出现在各处。图画捉迷藏，儿子在找猫：满堆稻草的货车上黄猫蹲坐，白猫蜷缩；自行车的后座上蓝猫悠然顾盼；漂在河中的木板、废弃的轮胎上有猫在呼朋引伴；游船的顶上有猫在傲然长啸；还有猫沿着梯子、脚手架往城里赶。

猫们要去哪里？要干什么？

到第三个大跨页，悬念揭晓。猫们齐聚画廊欣赏名画。没有我们以及猫们期待的狂欢。地板上围聚在一起的一群猫仅占据极小的位置，且因处于居高临下的视角低处，更显压抑。但小小的猫眼里透出大大的不服气，极度的不满意弥浸在整个空间里。"他们在那些名画上看到了狗、马、鸟、狮子和老虎，甚至还看到了猴子。可是几乎没有一幅画上有猫的形象呢。猫咪们生气了！"

书的主角——画家菲莉西玛出现了。画面一分为三，形成流动的感觉，也表现出画家思考的历程。菲莉西玛站在《梵高的椅子》《庭院中的女人和小孩》《热带雨林之虎》三幅画前。

又到了猫咪观看画展的夜晚，占据画面中央的猫首领和菲莉西玛，骄傲而开心。天鹅绒的幕布拉开：《庭院中的女人和小孩》上，三只猫在游戏；《梵高的椅子》上，一只猫在打盹；《热带雨林之虎》上，虎已变猫。菲莉西玛肩负着让世界知道"猫有多么重要"的使命，用妙笔在名画上添上猫的身影。美丽的女画家在用画笔为猫说话。

儿子不由自主地感叹："菲莉西玛太棒了，简直是天衣无缝！"

接下来的跨页，猫咪们心目中最伟大的画家菲莉西玛在吃海鲜。儿子说："猫们为什么不给她吃比萨？"桌子中央的海鲜好像一大块饼。我说："猫最喜欢吃的是鱼。妈妈小的时候，看到过一只猫站在缸沿，一脚支撑，另一只脚就成了鱼钩，把鱼一条条从缸里钩上来吃，动作好利索。"

菲莉西玛的生活被签名、拍照和无限的荣耀包围。翻页过来，与之前的热闹形成极度反差的是，菲莉西玛孤独地坐在屋顶上，望向远方。

儿子说："她的眼神好忧伤，她一定是想家了。"

"是啊，当一只出名的猫，实在是太累了。菲莉西玛好想回到她独自生活的日子啊，没有人知道她是谁，也不用每天拍照。是啊，看来她该回家了。"我继续朗读。

儿子碰碰我："菲莉西玛脸上的胭脂红消失了。"是的，全书唯此一页，她脸上的漂亮胭脂红消失了。消失的是胭脂红，更是她逐渐失落的自我。菲莉西玛脸上红晕的消失，发现者是孩子。孩子往往对图画书的细节观察入微。当自我失落、内心灰暗的时候，再多的掌声，再华丽的音乐会，也无法抵挡内心的空荡。

午夜十二点，钟声敲响的时候，全城的猫咪集合起来，迫不及待想看菲莉西玛的新作。可是，"幕布后面空空的，一幅画都没有"。

菲莉西玛说："其实猫咪并没有被画家们忘掉，是我们自己不愿意待在画上。……我们想上哪里就上哪里，我们想做什么就做什么。因为我们是猫啊！"如果菲莉西玛在猫们最初的聚会时即有如此感悟，很难指望猫们能听得进去，更难指望孩子能听得进去。故事的力量正在于此。

书的结尾，菲莉西玛回到自己的画室，"找出那幅画了一半的自画像——《猫和吃了一半的鱼》……一心一意地画了起来"。

菲莉西玛在让猫进入名画之中时，收获了掌声和荣耀，但也在对外物的追逐中失去自我。在行万里路的历程中，随着阅历的增长，她内心的自我逐渐苏醒。

这只是我的思考。

在故事的讲述之后，我极少把自己所想的"交付"给儿子，除非儿子有话要说。我只是老实地朗读、讲述。除了怕由我生发的问题增加孩子的负担，冲淡阅读的轻松之外，更重要的是，我相信故事的力量，敬畏具有生长和创造力量的童年。

如苏珊·佩罗所言："故事以独有的方式直入我们的心灵，我们的生命，就像水可以渗入墙上的裂缝。"

当这一个故事与其他故事汇合成一股清泉，渗入走在生命旅途中的孩子心之深处，孩子将拥有更自由的灵魂，更清明的人生。

《藏在名画里的猫》是菲莉西玛寻找自我—失落自我—再次寻找到自我的旅程。"周游世界"，让菲莉西玛的内心变得丰富、强大，从而寻找到自己生命的意义和方向。

我们都走在这条寻找自由真我的路上。我们能像菲莉西玛一样，发现最真实的自我吗？

当我变成了老鼠
——罗尔德·达尔《女巫》阅读后记

一

"妈妈,你知道吗,女巫全都是光头,没有一点儿头发。"儿子的样子极其神秘。他把手在头上从前推到后,仿佛电动剃刀。

"女巫都戴着手套,她们没有手,全都是爪子,弯弯的爪子。"他甩着自己胖胖的大手,仿佛只剩下骨头。

"我翻给你看,这一页,看到没有,全是光头的女巫。看这里,女巫的爪子,还有这里,女巫的脚,是方形的,她们没有脚趾头。她们的口水是蓝色的。"这一页,准备写字的光头女巫,把老式钢笔的笔尖放入口中,用舌头舔舔——蘸墨水。

一天晚上,儿子给我说罗尔德·达尔的《女巫》。

二

第二天晚上,开始阅读从"不完网"购来的《女巫》。"不完网"是儿子的戏称。这是我们买来的第二本印刷"不完整"的书。不过《女巫》还好,只有三页不完整,连猜带蒙,应该不会太影响阅读。儿子由此忆起两年前买的一本书,一页白纸一页字,几乎无法读,嫌退货麻烦,一直搁在书柜里了。

达尔的书像强力胶,一拿起来就没法放手。

"你也许不知道,女巫说不定就住在你家右面的那座房子里。或者她就是今天早晨在公共汽车上坐在你对面的那个眼睛闪亮的女人。她说不定就是午饭前在街上对你眉开眼笑,从一个白袋子里拿出一块糖来请你吃的那个女人。她甚至可能正是——你听了真会猛跳起来——这会儿在读这些话给你听的老师。"女巫们的"使命"是,消灭孩子。

这只是序曲。真正惊心动魄的事情在后面。

为了训练两只小白鼠,"我"进入了"防止虐待儿童王家协会"的会场。而其实,这里将召开英国的女巫大会。躲在屏风后的"我",亲眼目睹了剥下面具后有一张好像长了蛆的脸的女巫大王;看到了86号配方慢性变鼠药的制作过程;看到了"不管什么时候看到他,他总是在吃东西"的布鲁诺·詹金斯一瞬间变成了老鼠。当然,最恐怖的是,女巫们闻到了屏风后的"我"发出的"臭狗屎"气味,抓住"我"并给"我"灌了鼠药。"我"变成了老鼠,确切地说,是老鼠人——披着鼠皮的人,但仍有人的思考,仍能像人一样说话。变成老鼠的"我"在姥姥的协助下,偷到了鼠药,并把鼠药倒进了女巫们喝的汤里,让她们全变成了老鼠。"我"还准备和姥姥一起,把挪威的女巫,甚至全世界的女巫全都消灭掉。

了不起的姥姥。

有"烟火味"的姥姥。

我的姥姥很老了,满脸的皱纹,宽阔的身体穿着灰色的花边裙子。她端坐在她的扶手椅上,把椅子撑得满满的,连一点空隙也没有,老鼠也钻不进去。

姥姥从不训斥，从不责骂，从不指手画脚，从不时刻想着要教育外孙。

"我"的父母在车祸中丧生，"她用双臂紧紧地搂抱着我，两个人哭了一夜。……第二天，为了我们两个都能忘却我们巨大的悲痛，我姥姥开始给我讲故事"。

斯特林杰先生不允许"我"在旅馆里养老鼠，姥姥为我力争："你到底答应不答应我的外孙在他的房间里保留他的老鼠？"

"我"变成了老鼠，她在浑身发抖、泪如泉涌之后，很快接受现实，并决定和小外孙一起"消灭英国所有的女巫"。"再下来，我的宝贝，你我最伟大的工作开始了！我们收拾行李去周游世界！我们到每个国家去，找出女巫们住的房子！我们完全自己干，就你和我！这将是我们余生要做的工作。"

了不起的"我"。

了不起的老鼠。

"我知道我不再是个孩子了，也不会再成为孩子了，但只要有你照顾我，我会很好的。"面对"面色苍白，浑身发抖，泪如泉涌"的姥姥，变成老鼠的"我"这样安慰她。

"离我头顶不远，从垃圾桶边上伸出个把手。我抱着瓶子猛一跳，来个大空翻，用尾巴抓住了那个把手。""我现在也越摇越高，越摇越高，到了最高处我放开尾巴，飞过厨房，正好落在中间的那层架子上！""我放下瓶子，旋开瓶盖，爬到架子边，很快地把瓶里的东西一直倒进下面的银汤锅里。"把鼠药倒进女巫们喝的汤里之后，"我"被厨师斩断了尾巴，并差点儿被踩死。但这一点也不影响"我"继续去做"最伟大的工作"——消灭全世界的女巫。

作为老鼠的"我"，敢于对抗强大女巫的无畏勇气，源自姥姥无条件的爱。"我姥姥虽然是个人，但我毫不怀疑，不管我是什么她都永远爱我。""只要有人爱你，你就不会在乎自己是什么，或者自己是什么样子。"

关于"爱"和"勇气",罗尔德·达尔用故事的方式来对孩子们说。居高临下的训诫可能让孩子一时"臣服",但永远不可能让孩子在变成一只老鼠后还充满战胜全世界女巫的勇气。

姥姥为什么会这么了不起,原因有很多,但有一点,是她还记得自己曾经是个孩子。

"我哥哥和我",她说,"当时成天在海边划船。海边有许多小岛,岛上一个人也没有。我们常去岛上到处逛。从光滑可爱的花岗岩上跳下海去潜水。有时候在半路上抛下锚钓鱼,钓到鱼就到一个岛上生起火,用煎锅烤来当午饭吃。"

一个曾经是孩子的人,才可能在成年后记得自己的归路,并让自己的孩子过得像个孩子。

四

罗尔德·达尔的这套书,一共12本,每本的图画作者都是昆廷·布莱克。昆廷·布莱克看似潦草的画充满动感,布鲁诺变成老鼠那张图将这个特点表现得淋漓尽致。

达尔和布莱克是"小葱与豆腐"般绝佳的搭配。

这一页,很有意思。"我教它们的第一个把戏是先爬进我的外衣袖子,再从领口出来。"图画上,一只刚爬进袖口的小老鼠只露一条尾巴在外面,另一只小老鼠已从领口出来,靠在"我"颈上。"接着我教它们从后颈爬上头顶。我教的方法是在头发上放点儿碎蛋糕。"图画上,小男孩的侧面,小老鼠趴在他的后颈上,昂头,张望他头发上的碎蛋糕。

有两幅图,都是在奥斯陆"我"姥姥家的大客厅里,都是夜晚,都是穿着裙子的姥姥坐在扶手椅上,都是"我"在她身边,都是相互做伴，其乐融融。只是，前一幅，"我刚满七岁，在她脚旁的地板上，穿着睡衣、睡裤、睡袍和拖鞋"。而后一幅，"我"已经变成老鼠了。

什么叫爱？就是不在乎他是什么，不在乎他变成什么样子，而仅仅因为，他是你小小的孩子。

让我泪流满面的是这样的图画和文字。

"你多大岁数了，姥姥？"我问道。
"八十六岁。"她说。
"你会再活八九年吗？"
"会的，"她说，"只要运气好。"
"你得活，"我说，"因为到那时我将是只很老的老鼠，你是一位很老的姥姥。再过不久，我们就一起死掉。"
"那就功德圆满了。"她说。
……
"你听到过我的心嗡嗡响吗？姥姥？"我问她。
"常听到，"她说，"夜里你在枕头上紧靠着我睡的时候，我听到的。"

图画上，姥姥请木匠给"我"做的细长梯子靠在床头柜边。"我"和姥姥恬然入睡。"我"的小小的老鼠的头，靠在姥姥旁边。

这些文字、图画包围着我，使我心里哽咽，眼中流泪。

亲爱的人，总害怕分离，就像姥姥和已经变成老鼠的小男孩。

五

罗尔德·达尔的书，像他另一本书中的玛蒂尔达所说的那样，"就像我正好在场，看到了整件事情的经过"。

看看描写布鲁诺的句子。

它正蹲在地板上,用两只前爪抱着一块面包,大口大口地啃着吃。这只能是布鲁诺。他抬头看了我两眼,接着只顾埋头啃他的面包。

桌子中间有一碗香蕉,布鲁诺直接向它扑过去,开始用牙去撕开香蕉皮,要吃香蕉。

他还在那个盛着香蕉的玻璃碗里。他已经吃掉了三个香蕉。正在开始吃第四个。他的肚子吃得胀鼓鼓的。

他吃苦头是因为吃得过多,然后放屁。你该听听他吃完饭后的声音,像个铜管乐队。

孩子们肯定会喜欢这样的故事。大人们为什么有点儿害怕这样的书?可能是因为这样的句子吧:"小孩要上学。老鼠不用上学。老鼠不用通过考试。""小朋友应该永远不洗澡。洗澡是个危险的习惯。"

六

窗外,曾经亮黄的油菜花,远远的只剩一片绿色。秧田已揭掉塑料膜,秧苗整齐地排列着。池塘边,清明节时灿烂粉红的桃花早已谢了。庭院里,大红、粉红的茶花谢在枝上,萎枯的黄中残留着曾经的大红和粉红,让人惊心。除虫后的桂花树枝叶舒展,新叶簇拥在密匝的老叶上。新栽的十来棵桂花树尚未伸展开来,树叶仅是集中在顶上生长,像举高双手的人聚拢在一起。两根细细的葡萄藤已缠竹枝而上,至于那根貌似枯枝的粗大葡萄藤上,新绿的叶子皱皱的,像被什么东西挤压过,满是细密的折痕。杜鹃倒开得正艳,紫色的小花向大树张开,一脸的炫耀。西瓜苗已经发芽了，每根娇嫩的芽上都搭着小小竹片撑起的塑料棚。

一缕一缕，细细的、悠长的、淡淡的乡村的香味，在空中飘动，好像叙述着每一棵树，每一片叶，每一朵花在春天的喜悦。

从菜园拔来的一把葱，还带着露水和泥土。

这是匆忙生活的停歇。在这个假日的黎明，心灵的停歇让我从这本缺了三页的《女巫》中，获得如此珍贵的感受。

《夏洛的网》与《活了100万次的猫》

6月29日，闷热的下午。吴老师上省课题的结题课——走进《夏洛的网》。吴老师让学生想象，威尔伯在成为"王牌猪""了不起的猪""光彩照人的猪"之后，会过着怎样的生活。

儿子大约在两年前看过这本书，故事的结局他肯定是知道的，他会怎样去说。坐在后面听课的我充满了好奇。孩子们分组讨论，叽叽喳喳热切的说话声，与电风扇的呼呼声搅在一起。虽然儿子坐在教室的最后一排，但我离儿子讨论的小组还是有些距离的，听不到他在说什么。全班交流时，儿子这一组推选了他为代表发言，他的手高高地举了起来。第一次，没有叫到他。第二次，他又执着地把手高举起来。老师叫他了。儿子站了起来，高高的儿子，满脸稚气的儿子，大声地讲述着故事的结局：

威尔伯和另外一只猪生活在一起，生活了许多年。一天，那只猪对威尔伯说："我一天不如一天了，很快就要走了，我要跟你永别了！"威尔伯很伤心，整天不吃饭，一天比一天消瘦了。那只猪，那只陪伴他的猪死了。威尔伯伤心欲绝，摇着他的身体说："你能醒过来吗？我好想和你做伴啊！"

这是我后来根据课堂录像一句句记录下来的，没有任何修饰和润色。

这个结局是不是让人有似曾相识的感觉？

儿子把《活了100万次的猫》的结尾"搬"到了威尔伯的世界里。威尔伯与夏洛的情唤起了儿子对那只虎皮猫与白猫的记忆，威尔伯幻化成虎皮猫，而另一只陪伴威尔伯的猪幻化成了白猫，于是就有了儿子道出的这个结局。

这满教室的人，只有我，只有和他一起走过阅读之旅的母亲，能读懂这个故事背后的"故事"，能听到他精神成长的拔节之声。

想起他几个月前读《活了100万次的猫》，看到虎皮猫抱着白猫张开大嘴嗷嗷痛哭时，儿子说："我的心都碎了。"没有谁不会心碎。这张图传达出了太多信息，不同年龄不同经历的人，读这张图会有不同的感动。痛失所爱，是任何一个人都要经历的生命中的一段，只是或早，或迟。当这样的人生经历进入孩子的视野，他在未来的生命旅途中，对于自己的另一半，是不是会更为珍爱？

《夏洛的网》与《活了100万次的猫》就这样交叠在一起。当文学的世界进入儿童的心灵世界，儿童的心变得那么柔软。这样的过程，往往是安静的，不易察觉的。我要感谢这堂课，让我聆听到了儿子的发言，让我得以窥见儿子内在的生长，心灵的成长。

《写给孩子的哲学启蒙书》朗读记录

开始朗读

《写给孩子的哲学启蒙书》，法国碧姬·拉贝、米歇尔·毕奇著，雅克·阿扎姆插图。一套五卷，从生与死、信仰与传说、自由与不自由谈起，哲学的思考遍及人生所有的重大命题。

这套书买了应该有五年了吧。不管是以前到书店买书还是现在的网上购书，每次购书有儿子自主选择的书，也有我为他挑选的书。儿子自己选的书，他自然会看。我选的书，他一般都比较喜欢，他投入其中的陶醉神情也让我这个选书的人很有成就感。我选的书，他也有不喜欢看的情况。我从不强迫他，买来的新书搁在他触手可及的书桌、床头柜上，搁一段时间后他如果仍无兴趣开卷，我就会把书收到书柜里。

有些书，过了一段时间后，在某一天他因为同学的介绍会拿起来读。如《鲁滨孙漂流记》，我在他六岁左右给他朗读过。大约二年级的时候吧，因为一个同学读这本书，他把这本书从书柜里找出来，而且一看再看。或因年龄的增长而读起来，比如《星期三的战争》，在搁置了近两年之后，他在四年级的时候读了开头的几页便欲罢不能了。或是在我的鼓动下，或是出于说不清的原因而仅仅是因为书本身的吸引力，他会找出书柜中某本放了很久的书，读起来。

有些书，他不会自己去阅读，但喜欢让我给他朗读。《什么是什么》有些他会自己阅读，但有些他喜欢我给他朗读。每次朗读的书都是由他自己选的。他喜欢的东西，才能给他带来快乐。

《写给孩子的哲学启蒙书》在他五岁的时候给他买来，自然不是要他马上阅读的。当时想，先放在书柜里吧。八岁多的时候，曾因为他的一句口头禅，试图给他读这套书。那时的他很喜欢说"不公平"，所以想试着给他朗读《公平与不公平》。我才起头读了几分钟，朗读便难以继续。缘未到，且放下。

一晃两年过去，儿子读五年级了。一天晚上，我从书柜里找出了《写给孩子的哲学启蒙书》。静静沉睡了五年的书，能否在今天开启？

我对儿子说："我们从今晚开始读《写给孩子的哲学启蒙书》吧，也许这本书能帮助你解决心中的一些困惑和问题。我们先试着读读看。"

"哲学"这个词对他来说是陌生的、有距离感的，我用比读别的书要慢一些的语调开始朗读。"第一篇《生与死》。"当我很想把一类对于儿子来说比较陌生的书带到他的身边时，我往往是小心翼翼的。"这颗星星是活着的吗？那块岩石呢？还有那片小草的嫩叶？事实上，我们知道当一个物体吸取养分的时候，它就是活着的，就有生命……另外，当一个物体能进行自我繁殖的时候，也就是说，当它能够创造出其他生命的时候，也说明它是活的。而一块石头却永远不能繁殖出别的石头来。"

我观察着儿子的反应，他静静地听着，等待着我往下读。这是他接受了一本书的惯常的表情。

我让躺着倾听的儿子坐到我身边。儿子靠在靠枕上，我指着书上的插图让他看。画中的母牛嘴中咬着一株雏菊，雏菊在骂它"刽子手"，而草地上剩余的四株雏菊仰着脸愤怒地望着它，母牛一脸的疑问与无辜。有些俏皮的插图深深吸引了孩子。

读《屠杀蘑菇》。

"今天一大早,大卫和他的同学玛丽到他们村子附近的森林去屠杀蘑菇,现在正是杀戮蘑菇的好时节。不到两个小时,他们就杀掉了一百多个蘑菇,星期六把这些死去的蘑菇拿到集市上去卖,一定能换回许多零钱。"

画上的大卫和玛丽金鱼眼、蒜头鼻、尖牙大嘴,磨刀霍霍向蘑菇,蘑菇们惊恐地四散奔逃。儿子在止不住的大笑之后开始兴奋起来,一会儿模仿大卫"凶神恶煞"的样子,一会儿又成了"大祸临头"的小蘑菇。

作者用这样极能引起儿童共鸣的方式叙述,是想告诉孩子:"蘑菇是有生命的……但是,大卫和玛丽并不是罪犯;很简单,为了活着,人们需要吃饭。所有的生物都以其他的生物为生,也就是说靠杀死别的生物来充饥。这就是食物链。"

我提醒着动作太大的儿子,并小心地护住书的硬壳,说:"离我远一点,这本书是硬壳的,小心碰到,伤了你的眼睛。"

这是这套书唯一令我遗憾的地方,如果是像译林出版社出的《魔戒》那样的软皮封面就好了。

死亡让我们更努力

朗读《要是人不死呢?》。

作者让我们想象一下,如果一个家庭的所有成员从史前时期起就一直活着,那么将会发生什么?

插图上,只用兽皮遮盖身体的爷爷用大棒子重击电视机,站在一旁穿着时尚的孙子着急地提醒爷爷:"爷爷,是用遥控器换电视频道,而不是大榔头!"

文字的叙述就更令人捧腹了。"当哈杜摩擦石头生火的时候，父亲用忧伤的眼神看着他，父亲觉得生羚羊比熟羚羊好吃。""哈杜扛上羚羊跟在女儿的汽车后面跑，女儿根本不可能说服他坐上这个发着噪音吐着浓烟的玩意儿。"

　　孩子是极喜欢这样的叙述方式的，他们生来就爱天马行空。从故事的开始直至结束，儿子都笑个不停。

　　在故事所营造的轻松的氛围里，孩子很轻松地吸纳了作者接下来所叙述的："如果人不死……最大的问题是每代人如何接受新变化。"

　　让孩子知道死亡是生命旅程的终点，从而不至于产生对死亡的恐惧。但做母亲的又担心，现在的孩子受挫能力普遍降低，在他这么小的时候给他读这个，是否合适。

　　但是接下来的朗读，让我的心轻轻地放下了。还是从故事开始，伊沙贝尔的曾祖母去世了，她在顶楼找东西的时候，发现了曾祖母未完成的雕塑。作者感慨，当一个人过早死去时，他就有点儿像这个雕塑，他还没来得及构建自己完整的人生。这样的死，是令人极其难以接受的。

　　这些谈的都是别人的死亡，只是序曲，真正让我越读越投入的是《面对自己的死亡呢》和《死亡让我们努力》。

　　故事从马戏团的几个演员在大幕将启时的心理聊起，作者把面对死亡来临的人分成三类：一类人是像故事中的吉姆和爱丽丝一样，对所做过的事心满意足，一切都准备好了；一类人像罗杰一样，不去选择自己的人生道路和方向，让命运牵着鼻子走，死亡来临时只会惊慌失措；还有一类人如同故事中的哈里，从来没有真正努力地做过什么，当死亡来临时，只能充满遗憾。

　　我充满激情地给儿子朗读：

　　"很显然，最重要的是面对生活，面对在死亡之前生活中所发生的一切。"

"正因为有一天生命将会停止,这才激励我们努力争取成功,很好地驾驭人生。"

"所以,真正的问题是'应该怎样活着'而不是'为什么我们会死'。"

这也正是母亲想对儿子说的话。有故事的铺垫,有插画的幽默,哲学不再是说教,不再索然无味,而是那么的俏皮有趣。所以我觉得原书名《关于人生的哲学小点心》,比中译名《写给孩子的哲学启蒙书》更贴近这本书的风格。

做自己的充电器

一天晚上，儿子在完成数学作业——三页口算题。那天的作业可能稍多了一些，儿子一边做一边嘟囔。

我问："你怎么了？"儿子说："为什么那些抄别人答案的同学还可以得到老师表扬，而我这样辛苦地做还不一定能得到满分，还不如用计算器算了。"小数的乘、除法计算，确实需要耐心。我说："那些人总有一天会受到老师惩罚的。"儿子不屑地说："他们还得到了老师的表扬呢，真不公平。"我说："老师不可能时时刻刻跟着你们啊！这些没被老师发现的同学在考试中就会露馅的。抄袭作业的同学能力没有得到锻炼，总有一天会受到惩罚。"

儿子还是一根筋："反正老师没有发现他们。"我说："做作业是为了巩固自己课堂所学到的东西，是为了自己，而不是为了老师。"儿子还在较劲儿，且越说越激动："谁可能不在乎老师的评价？"我说："我们当然会在乎老师的评价，但任何时候，我们都要告诉自己，我们做什么，是为了对自己负责。这样，当你做得好的时候，也许没有人为你喝彩，但你从自己身上仍然可以获得前进的力量；当你做得不好的时候，也许没有人发现，但你会自己提醒自己。如果你把别人的评价看得比你做的这件事还重要的话，你永远不可能真正快乐。你不记得露西了吗？露西把观众的欢呼当成充电器，她就成了一个残疾人；当没人仰慕她时，她的电源就被切断了。"

上个星期，给儿子读了《写给孩子的哲学启蒙书》第二卷第四篇《自豪与羞耻》。其中《露西的电源被切断了》给我们留下了很深的印象。露西是一位非常著名的话剧演员。当演出结束，剧场里掌声雷动时，露西沉浸在巨大的幸福中。而在不演戏的日子里，她整天无精打采。作者写道：

露西的自豪可以来自她的努力工作，来自表演精彩片段的快乐，来自她给观众带去的喜悦，来自职业成功所带来的幸福。所有这些都会持续下去，哪怕是在演出之后。……而不是只为观众的欢呼而骄傲……

铲子熔化了

晚上，母子俩坐在后院。草树的香气氤氲在院中，让人沉醉。这是乡村特有的味道。

"妈妈给你读《希利尔讲世界地理》好吗？"儿子答应了。我从楼上把书拿下来，借着客厅的灯光给他读第二章"世界是圆的，我绕着它跑过"。

"因而，一天早上，没有告诉其他任何人，我出发了，想去环绕地球。但是，我没能走多远天就黑了，一名高高的、和善的警察叔叔把我送回了家。"儿子笑起来。

"我长大后……环绕地球一周差不多花了我半年的时间。"儿子说："有一个英国人82天就环游完了地球。他和人打赌，最后他赢了。"我说："你说的是《环游地球八十天》吧。我在你上学前给你读过。""我自己也看了。这本书是根据一个真实的故事改编的。"

在给儿子朗读的过程中，我们经常有这样的对话。很可惜都流逝在时间的流里了，我没能及时地记录下来。

这样自动自发的对话也是家庭朗读的优势所在。随心所欲，随兴所至。这是在教室里朗读的老师无法兼顾到的。这也是听磁带听碟所无法做到的，人和机器之间没有温暖的回流。

"地球现在仍然在收缩，这时候就会伴有震动和摇晃。"我停顿了一下，儿子默契地回答："地震。"

翻到第三章"地底下"。

"我曾经听人说，坏小孩死后会下到地底下的一个地方——或许是一个大的洞，我想知道是不是真的如此。"儿子说："没有这回事。"

"因此，我决心挖穿地球去看个究竟，我只要不停地挖呀挖呀，只要我到了地球的另一面，我自然就知道了。"儿子说："这是不可能的。地球有一个内核，就像是苹果核，里面是岩浆，温度特别高，铲子一碰过去，就熔化了。"他边说边做手势："再拿一把铲子，噗——化了；再来，噗——又化了。拿电钻来，滋——没了，哎哟，烫到手了。"儿子甩着手，好像真的被岩浆烫伤了。

一本能让孩子参与、谈话、表达的书，才是一本好书。

日有所诵的意义

12月10日,看完了薛瑞萍老师在第六届中国儿童阅读论坛中的演讲——《我们班的日有所诵》。

"日有所诵让班级拥有了健康匀整的呼吸",其实,对于一个家庭来说,又何尝不是如此。

大约从一年级开始,每晚我给儿子睡前读书之前,我会让儿子朗读几分钟。小雨妈妈说,早上读书和临睡前读书效果最好。早上读书,没有前干扰;睡前读书,没有后干扰。

儿子在一、二年级时读的是《日有所诵》,我在他入学之初便给他买齐了《日有所诵》一年级至六年级的读本。每晚儿子将其中的内容读上两三遍。家里的阅读没有班级读书的氛围。我可以让学生在教室里读上好多遍,但在家里,这一招不太奏效。

从三年级下学期开始,我让儿子在睡前朗读两本书上的内容,一本是《新月集·飞鸟集》,一本是《唐诗三百首》。《新月集·飞鸟集》上读一篇,只读一遍;《唐诗三百首》的古诗,只将其中的一两句诗读三遍。每天读几分钟,但一年多来基本上做到了"日不间断"。即使是回家看望奶奶,我们也会带着这两本书。

《新月集·飞鸟集》,选的是郑振铎翻译的版本。给孩子选择译著,译者很重要。《日有所诵》五年级的读本中收录的也是郑振铎翻译的版本。第一篇《家庭》,朗读的日期是2009年11月9日,儿子八岁半,读三年级。"白昼更加深沉地没入黑暗之中"的"没"

是多音字，我用铅笔标注了拼音。"留下他的歌声的辙痕跨过黄昏的静谧"中的"辙""谧"注了音，还用斜线画出了停顿的地方。如此得郑重其事，是考虑到儿子第一次接触到上世纪初的文字，怕他不能接纳这本书。

让儿子读《家庭》时，我还让他做了"仿说"练习。

"他的乡村的家坐落在荒凉的土地的边上，在甘蔗田的后面，躲藏在香蕉树、瘦长的槟榔树、椰子树和深绿色的贾克果树的阴影里。"

我把儿子当时"仿说"的话工整地记录了下来："我们的家坐落在喧哗的街道旁边，在高楼大厦的后面，在绿绿的樟树、瘦长的梧桐树的阴影里。"这样工整的记录在书中仅此一份。这说明在儿子认同了这本书以后我松了一口气，又恢复到了以往不指导他读书的状态。之后的文章，我只将儿子不认识的字注了音。他朗读起来困难不大，我就放心让他自己去读。

读到《同情》时，他会边读边对我做手势："那末，走罢，妈妈，走罢！当你叫唤我的时候，我就永不到你那里去，也永不要你再喂我吃东西了。"

读到《职业》时，"他没有什么事情急着要做，他没有哪条街道一定要走，他没有什么地方一定要去，他没有什么规定的时间一定要回家"。这是孩子的向往啊，他读得是那样痛快。"他用他的锄子，要怎么掘，便怎么掘"，多么尽兴、随意。

每次读到《长者》中的"她是这样的可笑，她把格尼许唤作琪奴许"，他就会笑起来。

读这本书的速度是非常缓慢的。如《天文学家》，从2010年2月26日读到了3月5日，每天一遍，共读了8遍；《纸船》，从8月5日读到8月19日，共读了15遍；《水手》，从8月20日读到8月26日，共读了7遍。读每一篇的时间长短不一，视儿子的情况而定，什么时候基本能熟读成诵了，就读下一篇。白底的封面已经有点儿脏了，《新月集·飞鸟集》不知什么时候才能读完，不着急，慢慢来。

儿子睡前除了将《新月集·飞鸟集》上的某篇读一遍之外，还要将《唐诗三百首》中的某句诗读三遍。他背出的这本书上的第一首诗是《梦游天姥吟留别》。2010年2月8日开始背的。那时正是寒假。每天可以读四句左右。每次读之前，我会简单地给他讲一下意思。全文背完的日期我没有记录，我印象中他花了很长的时间才背诵下来，因为这是他第一次接触这么长的古诗。但在这之后，就像薛老师说的，"古诗会越背越快"。他对千年前的文字的陌生感因为这首诗而渐渐消融，自这首诗起，古诗的大门在他面前"訇然中开"。这首诗刻入了他的记忆深处，在已经背过了大半年之后，我只要起个头，他便能像拧开的自来水龙头一样，顺畅地把这首诗背下来。

接下来背了《将进酒》。从5月8日到7月11日读《蜀道难》，每晚读一句，每句三遍，花了将近两个月的时间背出了整首诗。杜甫的《兵车行》从7月19日读到8月5日，用了半个月的时间背诵下来。

《新月集·飞鸟集》是按顺序一篇接一篇读，而《唐诗三百首》是我自己选诗给他背。我选诗很简单，只是凭感觉，估计儿子读起来不拗口的就行，基本上选的是李白和杜甫的诗。有一天，儿子问我："他们俩是不是好朋友？"我说："是啊，他们俩是很好很好的朋友。"这一段时间他背诵的就是杜甫写的《梦李白二首》。

我们以蜗牛的速度在这两本书上"爬行"。《新月集·飞鸟集》从2009年11月到2010年11月，一年的时间，从《家庭》到《小大人》的24篇基本已熟读成诵；《唐诗三百首》从2010年2月到

2010年11月,背诵了其中长长短短的38首诗。蜗牛的速度,很慢很慢,但回过头去看一看,便有了慢慢行走的尊严与快乐。

薛老师所提出的"日有所诵"的意义,不仅仅是让孩子在大声的朗读中回到母语温暖的怀抱,不仅仅是让坚持成为孩子的一种习惯,更重要的是让孩子在每天的同一时间所做的同一件事里感受到家庭的安稳的节奏,让他在生命的源头处拥有温馨、柔软与宁静。

薛老师说,日有所诵把母语夯进了孩子的生命里。是的,在孩子记忆的黄金时期,孩子所诵所读,便如"石上之刻"。且让我们和孩子"围绕在经典的周围,读起来,诵起来"。

与新月同行

2011 年 11 月 10 日晚,儿子朗读《新月集》中的《最后的买卖》。

早晨,我在石铺的路上走时,叫道:"谁来雇佣我呀?"

刚起了个头,儿子就把手中的书丢开了,躺在床上背诵。我跟着他一起,拿着书读起来。母子俩的声音合在一起,响在淡黄的灯光里。

太阳照耀在沙地上,海波任性地浪花四溅。
一个小孩坐在那里玩贝壳。
他抬起头,好像认识我似地,说道:"我雇你不用什么东西。"
在这个小孩的游戏中做成的买卖,使我从此以后成了一个自由的人。

《新月集》最后一篇,儿子背完了。蓦然惊觉,儿子已经将《新月集》读完了。本来应该高兴才是,可内心涌出的却是一丝伤感,心里想:这就读完了吗?

我们家的这本《新月集·飞鸟集》是硬壳的,封套上画着开阔的闪耀着波光的大河,河岸边是葱郁的丛林。天空低垂,有鸟飞过。《新月集·飞鸟集》字样下是大量的留白。在七百多个日子的翻页中,这纯白的部分已经变了颜色。四个角已经磨损,露出里面层层叠叠的纸。

《新月集》是泰戈尔与儿童的对谈，泰戈尔的童心在言语的深处涌出来，如清泉流淌在孩子心间。郑振铎的译文优美，对今天离文言太远的孩子来说，这样的语言的浸润是多么重要。

翻开书，往昔的声音、心情与气味，纷纷涌来。

每一篇，在儿子不认识的字上，我会标注拼音。比如《商人》中的："我的船已经装得满满，在码头上等待启碇了。"我在"碇"字上标注了拼音："dìng"，并在旁边注上："碇：系船的石墩。"遇到比较难读的，我会带他读。比如《十二点钟》中的一句："马塔尔树下的阴影是更深黑了。""阴影""更"和"深"，后鼻音与前鼻音交错出现。只是儿子对于我执着于"字字音准"的职业习惯，颇不以为然。对于比较长的不好断句的语句，我用铅笔画出了停顿的节奏。如《家庭》中的"留下他的歌声的辙痕跨过黄昏的静谧"。我在"辙痕"后画了一条斜线。又如《第一次的茉莉》，"在荒原上大路转角处迎我"，"在荒原上""大路转角处"的停顿，有了诗的韵味。

翻开《新月集》，从第一篇《家庭》到最后一篇《最后的买卖》，每一页上都有我和孩子或工整或潦草的用铅笔记录的痕迹。《新月集》总计三十七篇，每篇前面我都标记了序号，大约是在儿子读了十多篇之后标的吧。这些用汉字标记的序号，是当时的我，对自己给孩子安排的朗读进度太慢的焦虑所致。三年级上学期儿子读了从《家庭》到《天文学家》的十篇，我估计着儿子在四年级下学期可以读完《新月集》。而实际结束的时间，比我预计的还要慢，儿子的朗读到五年级上学期的期中，才结束。这些用汉字标记的序号，是时间的痕迹，也是我们与新月同行的痕迹。

《新月集》的旅程，是一段几乎日不懈怠的旅程，从 2009 年 11 月 9 日开始，每天睡前朗读《新月集》中的某一篇，已成为儿子生活中固定而安稳的节奏。从城市的家到乡村的家,《新月集》总会如期出现在儿子的床头柜边。儿子有时候躺下了,懒得拿着书读,我就带他读,我读一句,他跟着读一句。而往往,在多遍的朗读之后,我才带读几句,儿子会自然地背下去。于是我捧着书读,他躺在被子里背。母子俩就这样慢慢地读着、背着,醉在泰戈尔的歌里。

朗读《偷睡眠者》。"谁从孩子的眼里把睡眠偷了去呢?我一定要知道。只要我能捉住她,怕不会给她一顿好教训!我要闯入她的巢穴,看她把所有偷来的睡眠藏在什么地方。我要把它都夺了来,带回家去。我要把她的双翼缚得紧紧的,把她放在河边,然后叫她拿一根芦苇,在灯心草和睡莲间钓鱼为戏。"这是孩子才有的想象与举动啊,读到最后一句,儿子总会以胜利者的姿态哈哈大笑。

朗读《云与波》。"我是波浪,你是陌生的岸。我奔流而进,进,进,笑哈哈地撞碎在你的膝上。"儿子会边读边做动作,仿佛他是浪,而我是岸。当他"奔流而来"时,我会张开双臂拥抱着那时还小小的他。

朗读《金色花》。"假如我变了一朵金色花,为了好玩,长在树的高枝上,笑嘻嘻地在空中摇摆,又在新叶上跳舞,妈妈,你会认识我么?"……"当你黄昏时拿了灯到牛棚里去,我便要突然地再落到地上来,又成了你的孩子,求你讲故事给我听。"

这是孩子都喜欢的与妈妈玩"躲猫猫"的游戏,这是日日都在母亲眼皮底下的孩子渴望的神秘感觉。

《仙人世界》描述的是已远离成人,但是天天鲜活在孩子世界里的情景。"让我悄悄地告诉你,妈妈,我的国王的宫殿究竟在哪里。它就在我们阳台的角上,在那栽着杜尔茜花的花盆放着的地方。"儿子读到这里时,会压低声音,把嘴附在我耳边,对我耳语着。

《水手》是极适合男孩朗读的。2010年8月20日，九岁的儿子朗读《水手》。"我将航行遍仙人世界里的七个大海和十三条河道。但是，妈妈，你不必躲在角落里为我哭泣。我不会像罗摩犍陀罗似的，到森林中去，一去十四年才回来。……我将带我的朋友阿细和我做伴。"对广阔世界的憧憬，对探险的向往，从他的眼中和声音中，流淌出来。

朗读《同情》，儿子总是忍不住边读边做动作："那末，走罢，妈妈，走罢！当你呼唤我的时候，我就永不到你那里去，也永不要你再喂我吃东西了。"他就是文中那个为小狗不能吃盘里的东西、为关在笼中的鹦鹉而不平的孩子。

朗读《职业》，"他没有什么事情急着要做，他没有哪条街道一定要走，他没有什么地方一定要去，他没有什么规定的时间一定要回家"。自由是职业的灵魂，小小的儿子未必能懂。但在他日，今日朗读的这些句子将有可能提醒他，在"稻粱谋"之上，人生还应有更自由的飞翔。

朗读《长者》。自认为已是"长者"的哥哥，认为自己的妹妹"真傻"，"是那么可笑地不懂事！"他笑妹妹把小石子当食物吃，笑妹妹"用手把书页撕了"，还"无端快活地叫起来"。当时九岁半的儿子，也自以为长大了，读起《长者》来，神气得不得了。

《英雄》满足了儿子的英雄梦。

"妈妈，让我们想象我们正在旅行，经过一个陌生而危险的国土。"

……"于是我刺策着我的马匹，猛奔过去，我的剑和盾彼此碰着作响。"

……"你自言自语地说道：'如果没有我的孩子护送我，我简直不知道怎么办才好。'"

朗读《英雄》，在 2011 年 3 月，离儿子十岁生日还有几个月。已近 1.6 米的儿子，心中奔涌着万丈豪情，这样的想象是他在玩玩具时或者与我走在路上突发奇想时经常叙述的事情，只是这个小伙子讲述的语言没有泰戈尔浪漫、优美，但是儿子的讲述常常有如口技，如果是"剑和盾彼此碰着作响"，他必会模拟出此种声音，仿佛置身于战场中。

朗读《告别》。在读到"姊姊"二字时，儿子总是要忍不住为这两个字的发音而顽皮地笑。

读《第一次的茉莉》，儿子在这些句子下画上了波浪线：

我喜爱那日光，那天空，那绿色的大地；
我听见那河水淙淙的流声，在漆黑的午夜里传过来；
秋天的夕阳，在荒原上大路转角处迎我，如新妇揭起她的面纱迎接她的爱人。

但我想起孩提时第一次捧在手里的茉莉，心里充满着甜蜜的回忆。

朗读《榕树》，儿子最先深记于心的是这几句："他想做风，吹过你萧萧的枝杈；想做你的影子，在水面上，随了日光而俱长；想做一只鸟儿，栖息在你的最高枝上；还想做那两只鸭，在芦苇与阴影中间游来游去。"

朗读《祝福》《赠品》《我的歌》《孩子天使》《最后的买卖》。朗读这五篇，做母亲的感慨比儿子多，常常是，儿子的声音起来后，我忍不住要和他一起读。

而做母亲的怎能不高声朗读这些语句：

把你的手按在他的头上，祈求着：底下的波涛虽然险恶，然而从上面来的风鼓起他的船帆，送他到和平的港口。

你的生命正是青青，你的道路也长着呢，你一口气饮尽了我们带给你的爱，便回身离开我们跑了。

我的歌将成为你的梦的翼翅，它将把你的心移送到不可知的岸边。当黑夜覆盖在你路上的时候，它又将成为那照临在你头上的忠实的星光。

《新月集》的旅程，是一段极慢的旅程。每篇朗读的时间，少则十天，多则二十天，甚至更多。第三篇《不被注意的花饰》从2009年12月10日朗读至12月29日，第三十一篇《第一次的茉莉》从2011年5月10日始，至5月26日结束。我们以极其缓慢的速度行进着。太多的颜色令人目盲，太快的朗读、太多的内容让人心乱。在周围的节奏日益加快，儿子接触的东西越来越繁多的时候，我们用这样缓慢的朗读，让我们纷乱的思绪得以沉静。慢，恰是适合孩子的节奏。慢，对于今天的孩子是难得的奢侈享受。

在静谧的夜里，儿子是我的朗读者，他用朗读唤醒了纸面上的文字。《新月集》让这七百多个日子有了看得见、听得到的回响。两年多，对我来说，只是时间的增加而已；而对儿子来说，在每一个有着温暖灯光的夜晚，有新月相伴，有母亲相伴，童年在喧嚣的包围中有了安然与宁静。

写下这段文字，也仅是让内心的不舍能因这倾诉有一丝的缓解。《飞鸟集》的朗读即将开始，但对《新月集》，我们会"忆念着，满怀依依之情"。

跟随大自然的脚步

周四，阳历 2 月 23 日，农历二月初二。

"从这时候开始，每到黄昏，天上的'龙角星'就出现在东方地平线上。中国古代历法的二十八宿中，东方七宿组成青龙形状，其中角宿一星与角宿二星，就是所谓的'龙角星'。"

春天在冷冷的天气里已悄然回归大地。开学的两个周末，每天起床后，儿子和我来回步行大约 4 公里，在乡村的田塍上漫游。儿子和我不愿走水泥马路。水泥路边的树还是光秃秃的，一片嫩叶都没有，只偶尔看到一个鸟巢，能提起我们的精神。

儿子带路，我们在曲曲折折的田埂上绕行。田野里的青草密密匝匝的，绿得逼人的眼。连日的雨水，让原来只有枯稻草茬的田里蓄满了水。土地在水的浸润下，软软的。休耕的土地静静等待春耕的到来。

走过一段只有窄窄石板搭的路，下面有哗哗的水声。朽木旁边，两朵深棕色的蘑菇长出来。儿子以《自然图鉴》为鉴，认定这是毒蘑菇。几只鸭子排着队摇摇摆摆地走着，就像《让路给小鸭子》里画的一样；几只狗在田埂上结队而行，这是它们在看家护院之外的闲散时光。回家的路上，在一片空旷的田里，儿子看到了两只昂首阔步的鹅。儿子站在马路上，"汪汪"地学狗叫，"挑衅"两位鹅老爷。鹅老爷发出比"嘎"声更尖锐的叫声，威严着呢。

在乡村纵横交错的路上，我们跟随大自然的脚步，在季节的轮换中，发现了更多生命的乐趣。

挽住童年的手臂

三月,"草色遥看近却无"的时候,田野里泛青的小草上,儿子带着我们家的小狗在玩耍。他在空中挥舞着手臂,正与若干假想敌拼杀。如果跟他离得近,你一定能听到他模拟兵器发出的铿锵声以及各种急而短促的台词。小狗甩着尾巴,跟着他转。

过了一会儿,儿子过来说:"妈妈,你陪我去一个地方。"走过田埂,转一个弯,来到了竹林旁的一片田里。空旷的长着青草的田里,有砍下来的竹子堆放起来。儿子拿开竹枝,一个拱门赫然出现在我眼前。原来掩映的竹枝后另有"机关"。竹子两两交叉,搭成了一间"矮竹屋"。儿子从"拱门"爬进去,躺在茂密的竹叶下。他向我招招手,示意我爬进来。刚好可以侧身躺两个人。竹屋里竟然还摆了一束黄得耀眼的油菜花。儿子还想让小狗进来,小狗叫着,跑开了。我们从竹屋里出来,儿子不忘把竹枝覆盖上去,把"拱门"遮住,做好掩护。

儿子七岁的时候,我带他去看过一部英国的电影——《仙境之桥》。讲的是一个乡村男孩与一个从城市来乡村上学的女孩,在森林的树上搭了一间木屋。他们常在那里玩耍。女孩在一次单独去木屋的时候,经过小溪时被淹死了。男孩无法相信女孩已经离开。整部影片现实与幻境交织,弥漫着淡淡的忧伤。儿子并不太喜欢看这部和他的年龄有些差距的电影,但建在树上的木屋却成了他的日思夜想。他好多次问我:"爸爸会给我搭小木屋吗?"我说:"你看,桂花树的枝太细,玉兰树的枝太密,橘树的枝太弱,樟树又太小,我们家的哪棵树都不适合搭木屋。"

我坚硬的回答并没有让儿子的"木屋之梦"破灭,他郑重地请求我来"竹屋"源自我之前对他建木屋的多次拒绝,而我只是来看一下"竹屋"便让他如此满足。

从什么时候开始,我不耐于听他的那些"不切实际"的要求?从什么时候开始,我总是挖空心思想让他的生活"满"起来?

翻开儿子小时候的日记本。

这是儿子的"捉虫时代":

(2008年8月9日,一年级暑假)中午,爸爸对我说:"只要你中午睡觉,我就给你捉许多小昆虫。"我就乖乖地睡了四个小时。傍晚,爸爸把木梯子轻轻地靠在玉兰树的树干上。他轻手轻脚地爬上梯子,轻轻地靠近蝉,一把抓住了它。爸爸把蝉装进了小笼子里。我就高高兴兴地和它玩。

(2008年8月14日)今天早上,我在奶奶的菜园里捉了一只黄色的大蜻蜓。我把它放进了盒子里。我走呀走呀,发现一只蝴蝶粘在蜘蛛网上。我连忙抓住了蝴蝶,又用棍子把蜘蛛网挑破了。我把蝴蝶小心翼翼地放进了盒子里。我的"虫子俱乐部"又增加了两名新成员。

(2008年8月18日)下午,我到菜园去捉蜻蜓的时候,下起了倾盆大雨。我用棍子去测池塘的水位,结果棍子掉了下去。我走下池塘去捞棍子,没想到鞋子陷进了泥土里,水淹到了我的肚子。我哭着去找妈妈。妈妈给我换了衣服、裤子,还帮我捞上了棍子。妈妈叫我以后注意安全。

(2008年9月14日,二年一期)爸爸在草丛里发现了一只绿色的大螳螂，他伸出手，迅速地抓住了螳螂的翅膀。螳螂想用钳子夹爸爸的手，爸爸连忙抓住它的钳子，它就无法动弹了。

这是儿子的"乡村时光"：

（2008年7月20日，一年级暑假）今天早上，我发现小鸭子不见了，我和爸爸一起去田里找小鸭子。我们找呀找呀，先找到了一只鸭子，一会儿又找到了四只鸭子。我们把它们赶回家去。有一只鸭子不见了，我们没有找到它，我很担心它。

（2008年8月15日）有一天早上，我和奶奶一起去磨米粉。我们首先把米放进石磨的圆孔里，然后奶奶使劲地推动石磨的把子，只看见米变成了粉末，从石磨的缝隙里掉进了箩筐里。推磨真辛苦啊！

（2008年10月3日，二年一期）今天，我和奶奶一起去看戏。我看见了一群老奶奶和老爷爷坐在庙前的空地上，等待节目开始。一些演员在聊天、化妆。奶奶带我去买臭干子（臭豆腐）。她花了5块钱买了15片臭干子。臭干子外面黑黑的，里面白白的。我吃了三片臭干子，味道好极了。但是它很辣，害得我喝了三杯水。一会儿，表演开始了。他们穿上了古代的服装，就唱起花鼓戏来了。还有人奏乐。他们唱啊唱啊，越唱越起劲。

（2009年4月13日，二年二期）"刨开"造句：我梦想着刨开一处土地，找到恐龙化石。我总是在乡下这里刨刨，那里刨刨，我刨开了很多地方，但我很失望。我每次认真地刨开一处，都没有发现恐龙化石。但我相信总有一天，我会发现恐龙化石，为长沙争光。

儿子也有自己的"百草园"：

（三年一期作文《奶奶菜园里的秋天》）清晨，白色的大雾笼罩在大地上。秋姑娘好像在跟我捉迷藏呢,我到奶奶的菜园里寻找秋姑娘。

我走进菜园,看见前面有几棵辣椒树。树上结了很多辣椒,小小的、尖尖的。它们大部分都是青绿色的,有些是橘色的,还有些是红色的。我发现辣椒树上有许多小花,小花凋谢以后,就长出了米粒般大小的辣椒。

木耳菜已经凋谢了,长长的藤上长出绿豆般大小的紫色的种子。我摘下一粒种子,用手一捏,种子里就流出了深紫色的汁液。

深绿色的韭菜长得非常茂盛。翠绿色的葱是空心的。小白菜的叶子被虫啃了几个洞,上面还有蜘蛛旅行过的痕迹。

奶奶的菜园里种了两棵橘子树。橘子的叶子是深绿色的,我在叶子上发现了两只棕色的蚱蜢。黄黄的橘子探出头来,好像在说:"我要快点长大。"树干上渗出了树汁,我用手一摸,黏黏的。

奶奶菜园里靠近围墙的地方有一棵高大的樟树,它像一把撑在我头上的大伞。它的果子绿绿的,小小的。它的深绿色的叶子并不大,叶子上的脉络清晰可见。风一吹,樟树就跳起舞来。几片叶子好像一只只蝴蝶飘落在大地妈妈的脚下。

我在奶奶的菜园里找到了秋姑娘。

三年二期暑期作文《奶奶菜园里的大战》,写于读了《满园青菜成了精》之后:

奶奶的菜园在房子的前面。夏天来了,菜园里满是菜。
奶奶满园的菜都成了精,打起仗来了!
玉米兵挥舞着玉米秆大喊着:"皇上驾到,皇上驾到,拦路者,斩!"辣椒兵不甘示弱,挡住了道路。一场大战开始了。玉米王大声命令道:"用玉米弹打它们。"玉米兵把身上的玉米粒打了出去,辣椒们的身上被打出了一个个小洞洞。辣椒们也不是好葱的，喷出了辣椒汁。一些玉米兵的眼睛被辣椒汁喷到了，它们分不清东南西北，竟然用玉米粒打自己人，战场上乱成了一团。

葱和韭菜是两剑客，葱是空心的，韭菜是实心的。平时它们是好朋友，但今天不知怎么搞的，它们竟然打起仗来了。葱对韭菜们说："我们才是真正的剑客。瞧你们这弱不禁风的样子，还配当剑客吗？"葱们笑得连肚皮都要破了。韭菜们气愤地说："究竟谁是剑客，那还得比试比试。"葱大王拿着一根剑向韭菜刺去，因为韭菜太细了，没刺中。韭菜兵拿着一根剑向葱兵刺去，葱变成了两半。韭菜兵哈哈大笑："葱兵是空心的，才不配做剑客呢！"葱大王听见了，向那个韭菜兵刺去，韭菜兵应声倒地。

胖胖的茄子跑过来，气喘吁吁地说："主人来了，主人来了。"满园的青菜都慌忙回了家。菜园里安静下来了。

儿子还写过养兔、养金鱼、养蚕、养乌龟、养狗的日记。兔子养一只死一只，死了两只；金鱼活不过一个月；乌龟从儿子五岁生日时到我们家，壳掉了一层又一层，越长越大，且越来越活泼，越缸逃跑若干次。儿子还软磨硬泡说要养仓鼠，他得到的是漫长的等待，"等你成家了，到你自己家去养吧"。

从什么时候开始，儿子可以发呆、可以自由玩耍、想干什么便干什么的时间越来越少？在这急剧变化的时代里，我们在变动不居的潮里常常身不由己。在素质教育的高标和应试教育的铁尺之下，我的心在蒙尘，焦虑让我无暇顾及，其实是杯子的"空"成就了杯子的"用"。

我想起了给儿子买的《推土机年年作响——乡村变了》。很大很大的图，共七幅，从春日下的田园风光到繁华拥挤的都市，没有一个字。图的背面标注着让人心痛的时间，从1953年5月6日到1972年10月3日，二十年里，城市在蔓延，乡村在消失。

1953年5月6日,孩子们在池塘里玩纸船,在草坡上放飞机。1956年8月16日,孩子们在池塘里游泳;躺在拖拉机的稻草上回家。1959年11月20日,孩子们在简易公路上骑车或推车玩耍。1963年1月19日,孩子们还能在变小了的结冰的池塘上滑冰,或从矮矮的雪堆上呼啸而下。1966年4月17日,画面上没有了嬉戏的孩子,是孩子们越来越忙了,还是林立的厂房让孩子们没有了放松的空间和氛围? 1969年7月14日,孩子们看着乡村的房子被推土机推倒,不远处是发黑萎缩的池塘。1972年10月3日,孩子们在公园的小小的沙坑里玩沙;在餐厅就餐;在教室上课;在超市的玩具柜前流连;在人行道上玩滑板,还遭遇警察的好心阻拦。

名叫居伦的乡村消失了,一起消失的还有孩子们的童年,与土地血肉相依,与自然融为一体的童年。

在儿子带我去看"竹屋"的下午,他得以享受全然自由的玩耍。他半躺在沙堆上玩,挖出数条坑道,堆起一些城堡,再让它们在"战争"中悉数"毁灭"。他找出装洗衣机的大纸箱,先放倒,站进去以后再把纸箱竖起来;或者把纸箱罩在头上,只露出一双脚,吓唬我们。他推着小推车,把小狗抱上车当"乘客"。小狗纵身一跃从车上跳下来跑了,留下他推着空车转圈。

可是,我能给他多少这样的自由时光?

急速流逝的童年,我能挽住它的手臂吗?

我不知道。

旋转木马

一

清脆急促的小鸟的叫声，持续如蝉鸣。声音源自新叶浓密的桂花树顶端。从叶的缝隙间露出它颤动的羽翼，是一只小鸟。十来分钟后，嘈杂的叫声止息了。它急切的心因何而平静下来？

远处，含着湿湿水雾的空气，像一匹垂挂在空中的白布，遮住远山。

这是"五一"假期的第一天，儿子放下《影子森林》，随奶奶赶集去了。他的父亲正在池塘边垂钓。

而我，在喂鸡、喂狗后，再次翻开《简单父母经》。蓝色的封面深邃如夜空。

二

睡眠是最终极的韵律。……没有睡眠我们就会被动、没有力量或韧性来追求新东西或改变状况。对一种坚强的"我是"感而言，睡眠是个必需的韵律。因为孩子的脑仍在发展中，在他们睡眠时有许多的神经的成长与修剪，缺乏一小时的睡眠都有可能有智慧与行为上的后果。依据塔爱维（Tel Aviv）大学的艾沙地博士（Dr.Avi Sadeh）的研究，缺乏一小时睡眠的表现的差距相当于6

年级学生与 4 年级学生的差距。换句话说,你的 6 年级小孩,带着睡意去学校,也许学习或行为表现就像是 4 年级学生的程度。

朋友的小女儿,尚在幼儿园读大班,新近有一奇怪嗜好——蹲马桶时搬张小凳进去,趴在上面写写画画,号称"做作业"。此嗜好源于模仿——她正读初中的哥哥即是如此分秒必争的。听说,老师们轮流在半小时午餐后进教室去辅导。这所中学的考试排名正迅速靠前。

在我城市的家的附近,前几年很是热闹,在一起打篮球的大男孩特别多。现在,好像突然销声匿迹了。再也听不到他们在晚上八点多,隔着前后楼从窗户里呼唤同学下楼的声音,也听不到他们在"砰砰"的打球声中的说笑了。听说,他们都住到学校附近去了。

儿子一直有 10~11 小时的睡眠。但我知道,进入中学之后,能有 8 小时的睡眠已属幸福。大家都在想办法缩短睡眠的时间,想办法要回那在沉睡中"失去"的时间。

压力下移,太多的孩子已跨上过度忙碌的"旋转木马"。我的儿子仍是木马上的一员,只是转得慢了一些而已。

儿子四岁开始学画画。最初的想法很简单,给爱涂鸦的他找玩伴。那时的画画还是挺好玩的,四个孩子,每人套件长袍,玩水粉,玩水彩。

儿子的英语几乎是同时开始的。启蒙老师苏菲极有爱心和耐心,五个孩子在一起,唱歌、跳舞、做游戏,学简单的日常对话。作业本像个剪纸本。七八岁后,戏剧表演每期有一次,服装、道具都颇有创意。儿子扮过大萝卜,也扮过国王。

刚入学时学过一年的围棋,那年暑假还学了游泳。他一直很喜欢和他的父亲下象棋。后来买了一本象棋书,自学了一招半式,便想找人"较量"。

打篮球和弹钢琴是七岁多开始的。儿子手大,也很有力量,但他一直不爱练琴。三天打鱼,四天晒网,每次练琴从未超过20分钟。反复沟通后,老师终于接受这个不考级也几乎不练琴的学生。儿子最初是不太喜欢打篮球的:训练人数多;比赛中大龄孩子对能力弱的小龄孩子言语上的挫伤;肢体的碰撞;团队成员之间的协调……这一切都超出了七八岁孩子的应对能力。但是如果不参加培训,要找伴去打球几乎不太可能实现。有时候想约附近的同学出来,不是在做作业,就是要上培训班。

三年级时儿子随大流开始学奥数。到五年级上学期,升学的压力在奥数培训中日益显山露水,内容越挖越深,时间越拖越长,作业越来越多。凭着母亲的本能,我知道我们该从这木马上下来了。

犹豫、焦虑。也就在那个时候,2011年11月25日,看云来长沙讲学。那天晚上,我把自己的忧虑全盘托出。

看云说,《孩子成长历程:三个七年成就孩子的一生》中提到,一个骑手懂得,如果一匹马被过早驯服的话,那这匹马的余生将是一匹劣等马。所以骑手就会克制自己的不耐烦,等待合适的时机。

我说,孩子参加培训的地方都在家附近。我保证了他足够的睡眠、运动的时间……

看云说,一个被老师和父母"看见"太多的孩子,没有自己成长的空间,他没有办法找到自己。

那是个回家后无法成眠的夜晚。

他的父亲说，你让他自己长吧，孩子有他自己的路。

26日晚，我对儿子说："我们不弹钢琴了。"

但一向不爱练琴的儿子说："还是继续吧。"

我说："我们不学奥数了。"

儿子突然哭了，他说："那我就考不上好的中学了。"

我说："画画我们也不去了吧。"

儿子说："不行，我喜欢。"

我说："我们先停下，好吗？"

从那时开始，弹琴、画画和奥数都停下了。每周五回乡下，可以在周日再返回城市，以往周六就要回来。

乡村是一个让人彻底慢下来的地方。自由更多的时候，儿子有时间深入自由地玩耍。他在水缸里玩玉兰树棕红的落叶，在树叶边缘插上小棍，做成军舰；他捡起桂花树上掉下的绿色果实，玩"豆豆大战"；他在父亲修整院子时，自己动手，用铲子和桶子，把桂花树下的沙子移到了靠墙的玉兰树下；他用小桶舀起从池塘溢到田里的鲫鱼；他拿着"勃朗宁手枪"，头戴草帽在小雨中"转战"于前院与后院；他拿着竹棍漫游在田埂上，鼓胀的口袋里塞满油菜籽，高高的小黑和矮矮的小白"汪汪"叫着，紧随其后；在有星无星的夜晚，看飞机划过夜空的痕迹……这是存在于学校铃声之外的时间，存在于父母的长手臂伸不到之处的时间。

"大自然是个温暖的感官浴，可以均衡冷酷的太多活动、太多资讯或太多'东西'的受不了的状况。在大自然中的时光会令人平静、专注。……大自然对情绪、身体都有深不可测的康复力。"远离钢筋水泥的城市、嘈杂喧哗的人群，孩子在吸收他所体会的"当下这一刻"。

四

很不幸的,将工业化原则用于大自然是要付出代价的。过度施肥的代价就是枯竭耗尽了养分的土地。土地的照顾需要时间;需要更多的信任而非控制。永续农耕要有轮耕,要有"完全休耕"和"豆类覆盖作物的田地"与"收成的田地"来互相均衡。孩子也一样,控制了他们的排班,从他们的童年"收成更多东西"也要付出代价。他们过着加了"超磷"肥料的生活,从早忙到晚。过度的"充实才艺",没有吸收,反而流失、污染了他们的幸福。没有下班的活动,终究是要像无根的植物一样无法维续。

我们看到过去20年来,我们的社会已经"充实"了孩子的时间表。很讽刺的,充实到了过度与耗竭的地步。过度排班的孩子就像不断作为收成农地的土地,没有休息与补充,没有深根的豆类来为土地换气与将养分充回土地,以致土质变硬,像已经无法生产的沙尘地。

"过多的东西、过多的选择,过多的资讯、过多的快速"让孩子的"灵魂发烧"。

童年有它自己的神秘过程,有它自己的步调。当我们要求孩子们"跟上"快速的世界,我认为我们是在无意识中伤害他们。我们剥夺他们需要的"幸福感与韧性",这些正是他们进入这愈来愈复杂的世界所需的东西。

受保护的童年让孩子能缓慢地发展他们的身份角色、幸福感与韧性。

上文引用的句子均来自《简单父母经》。每一页,都有我用铅笔画下的密密线条。

急迫着赶路的童年，生怕遗漏了什么重要东西的童年，失去的可能是更珍贵的。

五

菜园里，茄秧、辣椒秧、菜瓜秧刚刚栽下，蕹菜和豆角的种子还在泥土里沉睡。傍晚，给葡萄搭棚架，儿子拿锯子在锯竹子。月季在枝的低处新开了一朵，丝绒般光滑的花瓣上有湿湿的水珠，好多花苞直指天空，等待绽放。

变化是在悄悄发生的。在我们没有察觉的时刻，它们会渐渐长成自己的模样。